Brigitte Wilmes-Mielenhausen

Kursbuch Eltern-Kind-Gruppen

Brigitte Wilmes-Mielenhausen

Kursbuch Eltern-Kind-Gruppen

Herder Freiburg · Basel · Wien

Einbandfoto: Hartmut W. Schmidt

Textfotos: stammen aus Eltern-Kind-Gruppen und wurden von Gruppenleiterinnen und Eltern aufgenommen.

Die Autorin dankt besonders den Kursleiterinnen:
Cornelia Engelke (S. 55, 92, 140 b)
Heidi Kiene (S. 140 a)
Bärbel Wolff (S. 75, 79)
sowie einigen Eltern (S. 107, 124, 145)

Die Fotos auf den Seiten 83, 132 und 133 stammen von der Autorin, die übrigen Fotos (S. 54, 64) von Horst Bethmann.

Notensatz: Nikolaus Veeser, Freiburg
Herstellung: Freiburger Graphische Betriebe 1994
ISBN 3-451-23008-9

Inhalt

VORWORT 9

EINLEITUNG 12

1. *Adressaten der Eltern-Kind-Gruppen* 12

2. *Konzeptionsbeschreibung* 16
2.1. Allgemeine Absichten, Tendenzen, Möglichkeiten 16
2.2. Ziele 17
2.2.1. Ziele einer Erwachsenenbildung in Eltern-Kind-Gruppen 17
2.2.2. Ziele einer kindorientierten Arbeit in Eltern-Kind-Gruppen 18

TEIL 1: KURS 19

1. *Erwachsenenbezogene Kursinhalte* 19

1.1. Eltern-Kind-Gruppen: ein Lernfeld für Erwachsene? 19
1.2. Wie lernen Erwachsene? 20
1.3. Gruppendynamik in der Erwachsenen-Gruppe 25
1.4. Phasen im Gruppenprozeß 27
1.5. Förderung der Kommunikation in einer neuen Gruppe 28
1.6. Konflikte in Eltern-Kind-Gruppen 30
1.7. Wie rede ich mit den Eltern? – Techniken der Gesprächsführung 35
1.8. Der Elternabend: eine leidige Pflicht? – Anregungen für die Gestaltung 38

2. *Kindbezogene Kursinhalte* 43
2.1. Schwangerschaft: Vorbereitung auf das Kind 43
2.2. Das Liegekind (vom Zeitpunkt der Geburt bis ca. 6 Monate) 43
2.2.1. Körpertragen 44
2.2.2. Babymassage 46
2.2.3. Schaukelspiele/Wiegenlieder 53

2.2.4. Erfahrungsspiele für alle Sinne 59
2.2.5. Gespräche unter den Erwachsenen 60
2.2.6. Körperübungen für Erwachsene........................ 68
2.3. Das Sitz-, Krabbel- und Laufkind
(ca. 6 Monate bis ca. 1 Jahr) 75
2.3.1. Körperkontakt.. 75
2.3.2. Verschiedene Erfahrungsorte und Spielflächen
(„Bewegungslandschaften“)............................ 75
2.3.3. Gegenstände, Behälter, Materialien, die zum Umgang
auffordern und neue Umwelterfahrungen zulassen 80
2.3.4. Kniereiter und erste Fingerspiele 84
2.3.5. Gespräche unter den Erwachsenen 85
2.4. Kinder vom 1. bis 2. Lebensjahr........................ 86
2.4.1. Körperbezogene Spiele/Psychomotorik................. 86
2.4.2. Finger- und erste Kreisspiele in der Gruppe 93
2.4.3. Funktionsspiele mit Werkmaterialien
und natürlichen Elementen 102
2.4.4. Erste Rollenspielansätze 112
2.4.5. Elementarbilderbücher 113
2.4.6. Gespräche unter den Erwachsenen 114
2.5. Das Kind vom 2. bis zum 3. Lebensjahr................116
2.5.1. Körperbezogene Spiele/Psychomotorik................116
2.5.2. Fingerspiele und weitere Kreisspiele 125
2.5.3. Werken mit allerlei Materialien.........................129
2.5.4. Rollenspiele...134
2.5.4. Bilderbücher..136
2.6 Maxi-Gruppe für Kinder ab 3 Jahren
(ohne Kindergartenplatz)...............................138
2.6.1. Separate Tätigkeiten von Kindern und Erwachsenen.....138
2.6.2. Kooperative Spiele 139
2.6.3. Rollenspiele...139
2.6.4. Konstruktionsspiele....................................141
2.6.5. Psychomotorische Spiele 146
2.6.6. Kreis- und Tanzspiele 151
2.6.7. Musikspiele mit allerlei Dingen.........................156
2.6.8. Handpuppenspiele 162
2.6.9. Geschichten 164
2.6.10. Gespräche unter den Erwachsenen 165

TEIL 2: PÄDAGOGISCH-PSYCHOLOGISCHE RAHMENBEDINGUNGEN ... 169

1. *Methoden/Medien* ... 169

2. *Die Gruppenleiterin/der Gruppenleiter* ... 170

3. *Wichtige entwicklungspsychologische Grundlagen der Eltern-Kind-Arbeit* ... 172
3.1. Allgemeine Entwicklungsgesetze ... 172
3.1.1. Reifung ... 172
3.1.2. Exogene Faktoren ... 173
3.1.3. Differenzierung/Zentralisation ... 173
3.1.4. Integration ... 173
3.1.5. Verfestigung/Kanalisierung ... 173
3.2. Phasen-Lehre und Umwelttheorie in der Diskussion ... 174
3.3. Kritik an sog. „Entwicklungskalendern" ... 175
3.4. Die wichtigsten Entwicklungsbausteine im Säuglings- und frühen Kindesalter ... 176
3.4.1. Das erste Lebensjahr ... 176
3.4.2. Das zweite Lebensjahr ... 179
3.4.3. Das dritte Lebensjahr ... 183

NACHWORT ... 189

Vorwort

Eltern-Kind-Gruppen erfreuen sich ständig wachsender Beliebtheit. Seit nunmehr fast zehn Jahren leite ich den Eltern-Kind-Bereich an einer Familienbildungsstätte und habe die Erfahrung gemacht, daß wir die Nachfrage nach Angeboten für Säuglinge und Kleinstkinder kaum noch befriedigen können. Diese Tendenz, Kleinstkindererziehung nicht mehr ausschließlich im Rahmen der Familie anzusiedeln, das Bedürfnis junger Eltern, sich mit anderen Eltern zu treffen und auszutauschen, scheint u.a. auch das Spiegelbild gesellschaftlicher Wandlungsprozesse zu sein.

Kleinstkinder und deren Eltern treffen sich einmal wöchentlich (meist für ca. 1 1/2 Stunden) in einem eigens dafür hergerichteten Raum. Mir ist es dabei sehr wichtig, daß diese Gruppen – die sich manchmal schon im Säuglingsalter zusammenfinden – kontinuierlich bis zum 3. Lebensjahr, d.h. bis zum Eintritt der Kinder in den Kindergarten, zusammenbleiben können. Das bedeutet: möglichst gleiche Teilnehmer, gleiche Kursleitung, gleicher Raum, gleiche Zeit! *Kontinuität* ist somit ein elementarer Bestandteil dieses Eltern-Kind-Gruppen-Modells. Kleinstkinder sollten sich auf eine überschaubare, beständige Kleingruppe (ca. 8–10 Kinder) einstellen können, die durch viele bekannte Gesichter ein hohes Maß an Sicherheit und Vertrauen innerhalb der Gruppenbeziehung bietet. Wir haben in langjährigen Erfahrungen mit solchen Eltern-Kind-Gruppen immer wieder erlebt, daß Kinder und Erwachsene auf Veränderungen von Kurszeiten und Gruppenzusammensetzungen oder auf Gruppenleiterwechsel mit emotionaler Betroffenheit reagierten. Die wöchentlichen Treffen haben im allgemeinen einen festen Platz in der Welt des kleinen Kindes. Viele Eltern kennen sich bereits aus Schwangerschaftskursen zur Vorbereitung auf die Elternschaft. Einige von ihnen haben großes Interesse daran, nach der Geburt ihrer Kinder zu sog. „Baby-Treffs" zu kommen und vielleicht auch als Gruppe für längere Zeit zusammenzubleiben. Es wäre wünschenswert, daß aus Geburtsvorbereitungsgruppen später Baby- bzw. Kleinkindergruppen erwachsen.

Die Eltern-Kind-Gruppen müssen sowohl den Bedürfnissen und Interessen der Erwachsenen als auch den Bedürfnissen der Kinder entgegenkommen. Das Bedürfnis der Eltern, sich einmal nicht ausschließlich auf dem Kind-Niveau bewegen zu müssen und als Erwachsene unter Erwachsenen agieren zu können, ist verständlicherweise groß. Die Kinder wiederum benötigen in einer zusehends unüberschaubaren, technisierten, reizüberfluteten Umwelt kindgerechte Erfahrungsräume, die eine handelnde, kreative Weltbewältigung ermöglichen.

Die Vielzahl der Aufgaben erfordert seitens der Gruppenleitung eine fachliche Vorbildung. Diese Notwendigkeit ergibt sich aus der wechselseitigen Abhängigkeit von erwachsenen- und kindbezogenen Aufgaben.

Leider haben wir zur Zeit keine gezielte Ausbildung für LeiterInnen von Eltern-Kind-Gruppen. So arbeiten mit der Altersgruppe der unter Dreijährigen oftmals Pädagogen (ErzieherInnen, SozialpädagogInnen), die eigentlich für das Kindergartenkind qualifiziert wurden. Allenfalls für die Arbeit mit Säuglingsgruppen, d.h. für die Altersgruppe der bis zu Einjährigen, existiert nach dem sog. „Prager-Eltern-Kind-Programm“ (PEKiP)[1] eine Fortbildung, die Entwicklungsgesetze im ersten Lebensjahr und ein entsprechendes Repertoire an Spiel- und Bewegungsanregungen für Säuglinge vermittelt. Diese punktuell ausgerichtete Fortbildung nach dem PEKiP scheint mir jedoch nicht umfangreich genug zu sein, um eine kontinuierliche Gruppenarbeit mit Eltern und Kindern von 0–3 Jahren kompetent leisten zu können.

Dieses Buch versteht sich als *Arbeitshilfe für LeiterInnen* von Eltern-Kind-Gruppen. Über diese Zielgruppe hinaus wendet es sich auch an mögliche *PraxisanleiterInnen* bzw. an *Organisationen*, die einzelne Fortbildungen für GruppenleiterInnen anbieten.

Nicht zuletzt sollen auch interessierte **Eltern** angesprochen werden. Vor dem Hintergrund, daß in den letzten Jahren die in Eigeninitiative von Eltern selbst organisierten Krabbelgruppen, Spielgruppen, Mütter-, Familien- und Geburtsvorbereitungszentren sprunghaft zugenommen haben, läßt sich diese Arbeitshilfe auch als Handreichung für solche Elterngruppen verstehen.

Darüber hinaus könnten die in diesem Buch zusammengestellten theoretischen und praktischen Aspekte einen Beitrag leisten, wenn es darum geht, familienergänzende Betreuungskonzepte für Kinder unter 3 Jahren zu entwickeln. Die zunehmende Berufstätigkeit von Müttern, eine wachsende Zahl an Ehescheidungen und der stete Zu-

[1] Das PEKiP basiert auf Untersuchungen des tschechischen Psychologen Koch, der in seinem Prager Institut die reflektorischen Leistungen von Säuglingen durch systematische Bewegungsanregungen zu verbessern versuchte.

wachs der Zahl alleinerziehender Mütter und Väter rückt nicht nur Fragen nach einem Kindergartenplatz für alle, sondern auch das Thema „Betreuung von Kindern unter 3 Jahren“ immer mehr in den Blickpunkt der öffentlichen Diskussion. Dabei vermitteln gerade Eltern-Kind-Gruppen wichtige Einsichten in den Lebensalltag in der frühen Kindheit. Ebenso ermöglichen sie eine Bestandsaufnahme der dort artikulierten Elternbedürfnisse. Diese Erfahrungswerte könnten zusätzlich aufgegriffen werden, wenn es um Kinder in Krippen und Krabbelstuben (Tagesstätten) oder auch um die Tagespflege von Kindern in Tagespflegefamilien oder um die Schaffung anderer bedarfsgerechter Kinderbetreuungsmöglichkeiten neben der Familie geht.

Einleitung

1. Adressaten der Eltern-Kind-Gruppen

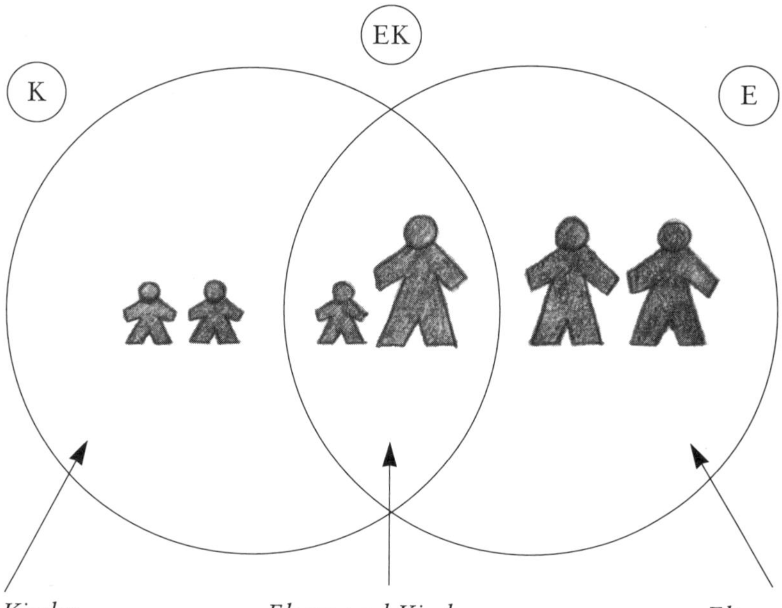

Kinder als Adressaten (z.B. beim Malen mit Fingerfarben usw.)

Eltern und Kinder als gemeinsame Adressaten (z.B. bei gemeinsamen Kreisspielen ...)

Eltern als Adressaten (z.B. bei Gesprächen, Diskussionen usw.)

E wie Erwachsene – E wie Eltern

Besonders Mütter haben oftmals rund um die Uhr für ihre Kinder ansprechbar und verfügbar zu sein. Mütter leiden oftmals unter dieser allumfassenden Zuständigkeit und Erwartungshaltung bei einem gleichzeitigen Defizit an echten zwischenmenschlichen Kontakten außerhalb der Paar- bzw. Eltern-Kind-Beziehung. Eltern-Kind-Gruppen können in einer modernen, instrumentalisierten Gesellschaft Begegnungsstätte sein, die es zuläßt, sich zu öffnen, Erfahrungen zu teilen und mitzuteilen, oder einfach nur einmal herauszukommen aus Küche und Kinderzimmer.

Erwachsene sind anders und lernen anders als Kinder. Der Erwachsenenstatus bedeutet Selbstverantwortung und Autonomie. Erwachsensein bedeutet auch: auf eine eigene Kindheits- und Lebensgeschichte zurückzublicken, die Spuren hinterlassen hat und die noch in die Gegenwart hinüberwirkt, d.h. auch in das Verhalten dem eigenen Kind gegenüber. Erwachsene bringen relativ gefestigte Einstellungen, Haltungen, Wertvorstellungen und Verhaltensmuster mit. Dieses schließt jedoch nicht aus, daß sich Erwachsene in bestimmten Situationen neu orientieren, umlernen, Verhaltensalternativen ausprobieren.

Auch der Erzieher wurde als Kind von Erziehern erzogen. Auch Eltern waren einmal Kinder, die wiederum Eltern hatten. Erziehungsziele oder Erziehungsstile, Verhaltensmuster und Reaktionen haben oftmals mit der eigenen Kindheitsgeschichte zu tun, d.h. damit, wie man selber als Kind behandelt wurde und sich gefühlt hat, ob man Liebe erfahren hat oder nicht, und ob man sich als Folge dessen selber lieben und annehmen kann oder nicht. Vorsätze wie „Mein Kind werde ich anders erziehen, als ich erzogen wurde“ sind kein Garantieschein für ein verändertes Verhalten – und so muß mancher Gutwillige feststellen, wie schnell er plötzlich in den Wiederholungszwang gerät, das vielleicht verhaßte Erziehungsverhalten der eigenen Eltern trotz anders lautender Vorsätze und guten Willens fortzuführen.

Die Gruppenleitung sollte die Eltern im Kontext ihrer Lebenssituation und Lebensgeschichte begreifen. Mit Einfühlungsvermögen und Wertschätzung sollten selbst „unpädagogische“ Verhaltensweisen der Eltern zunächst einmal hingenommen werden. GruppenleiterInnen sind keine „Ober-Pädagogen“, die den Eltern das richtige Verhalten gegenüber den eigenen Kindern beizubringen haben. Ein solch überzogener fachlicher Anspruch würde eine tiefe Kluft und Entfremdung zwischen Gruppenleitung und Eltern treiben. Erziehungsverhalten wird oftmals durch das modellhafte Verhalten anderer Teilnehmer oder im Rahmen von Gesprächen reflektiert und vielleicht später auch modifiziert.

Die Gesprächsthemen in Eltern-Kind-Gruppen werden zum großen Teil kind- und familienbezogen sein; und da wir in einer Zeit leben, in der Eltern, Kinder, Großeltern und Verwandte nicht mehr unter einem Dach wohnen, und Nachbarschaften sich voneinander entfremdet haben, ist den jungen Eltern auch das selbstverständliche Wissen um die Pflege und Erziehung von Säuglingen und Kleinstkindern verlorengegangen, so daß Hilfe und Rat anderer Betroffener not tut. Dabei sollten sich die Erwachsenen nicht nur auf einem Niveau der „schönen heilen Kinderwelt" bewegen, sondern ihre Alltagswelt mit ihren Widersprüchen, Problemen und Konflikten einfließen lassen (z.B. Angst um den Arbeitsplatz, Hausfrauendasein, Wohnumfeld, Erziehungsverhalten, gesundheitliche Probleme ...).

K wie Kinder

Die Kindergruppe wird meist altersgleich zusammengesetzt sein, da sie sich nach diesem Konzept meist schon im Säuglingsalter zusammenfindet. Die Altersdifferenz sollte zunächst ein halbes Jahr nicht überschreiten. Ein größeres Altersgefälle wird immer dann entstehen, wenn ältere oder jüngere Geschwisterkinder mitgebracht werden. Die vielleicht im Laufe der Zeit entstehenden altersgemischten Gruppen sind familiengerecht und ermöglichen unterschiedliche soziale Erfahrungen zwischen älteren und jüngeren Kindern. Das Altersgefälle ließe sich auch bewußt steuern, wenn man – bei Ausscheiden alter Gruppenmitglieder – gezielt neue Kinder aufnähme, die einer anderen Altersgruppe angehören.[2]

Im Gegensatz zu den Eltern, die außerfamiliäre Kontakte suchen, brauchen Babys und Kleinstkinder nicht unbedingt Sozialkontakte außerhalb der Familie, z.B. eine „Beziehung" zwischen Kleinstkind und Kleinstkind, um sich gesund entwickeln zu können. Eine stabile Mutter-Kind bzw. Eltern-Kind-Beziehung (Objektbeziehung) – mit liebevoller Zuwendung, Hautkontakt, Geborgenheit – würde zunächst alle emotionalen und sozialen Bedürfnisse des Kindes befriedigen.

Andererseits konnten wir beobachten, daß regelmäßig zusammenkommende Kleinstkinder nach einem längeren Zeitraum und besserem Kennenlernen Frühformen eines interaktiven Spiels mit anderen Kindern und Erwachsenen entwickeln. Teilweise ist dazu

[2] Die Alterszusammensetzung in Eltern-Kind-Gruppen ist keineswegs ein nachrangiges Problem. Altersgleiche Gruppen bieten den Vorteil, daß die Spielinhalte – analog zum Entwicklungsstand – in der Regel weniger differenziert werden müssen als dies in altersgemischten Gruppen notwendig wäre. So werden in altersgleichen Gruppen auch die Gesprächsthemen unter den Eltern von dem vergleichbaren Entwicklungsstand der Kinder bestimmt sein, ein Sachverhalt, der eine Verstehensbasis erleichtert.
Andererseits ist der Einwand durchaus berechtigt, daß in altersgleichen Gruppen oftmals ein relativ hohes Aggressionspotential herrscht. Zehn Zweijährige, die sich gerade im Trotzalter befinden und gleichermaßen versuchen, ihren Willen durchzusetzen, bieten nicht selten einen für alle unangenehmen Konfliktstoff. In solchen Gleichaltrigen-Gruppen wird in bestimmten Phasen oft geweint, geschrien, geknufft, gebissen, geschlagen oder anderweitig versucht, die ich-bezogenen Ansprüche durchzusetzen. Sind dagegen in altersgemischten Gruppen ältere Kinder dabei, die bereits teilen können, die Konflikte auch mit Worten lösen, reduzieren sich solche Kampfaktionen, und das Gruppenklima ist in dieser Hinsicht friedlicher.

noch die Unterstützung eines Erwachsenen als Vermittler notwendig (z.B.: Kind schubst einem Erwachsenen einen Ball zu, den dieser dann einem anderen Kind zurollt usw.).

In den frühen, keimhaften Gruppenerfahrungen, in denen das Kind unterschiedliche Interaktionsformen kennenlernt, liegt prophylaktische Bedeutung: Kontaktschwierigkeiten, Ängstlichkeit, Scheu, Mißtrauen, Unsicherheit anderen Menschen gegenüber treten erfahrungsgemäß in Eltern-Kind-Gruppen, die über einen längeren Zeitraum zusammen sind, seltener auf.

Kleinstkinder, die sich ohne Leistungsdruck an der Gesellschaft anderer erfreuen können, erleben modellhaft ein breites Spektrum emotionaler Ausdrucksformen verschiedener Menschen (z.B. Wut, Zorn, Zuneigung, Liebe ...) und vollziehen bereits im ersten Lebensjahr Lernprozesse, die der Ausbildung differenzierter emotionaler Reaktionen dienlich sind (erstes Imitationslernen für emotionales und soziales Verhalten). Die positiven Reaktionen (lächeln, juchzen ...), als Ausdruck der Freude über einen sozialen Kontakt, sind bereits im ersten Lebensjahr deutlich zu beobachten. So kann das Kind ab der 2. Hälfte des ersten Lebensjahres bereits Gesichter unterscheiden, Menschen bewußt anlächeln, ihnen zuschauen, selbständig Kontakt aufnehmen (z.B. „Ei-machen“, berühren, dem anderen etwas wegnehmen, gleiches Interesse an Spielzeug zeigen ...) und zusehends in kleine spielerische Dialoge und soziale Spiele eintreten.

Babys und Kleinstkinder können ruhig an wechselnde Schauplätze mitgenommen werden, wenn sie gleichzeitig die Geborgenheit am Körper des Erwachsenen, das Gehalten- und Getragenwerden, den Trost, die Möglichkeit zum Rückzug, die Nähe des geliebten Erwachsenen (Mutter, Vater oder andere Bezugsperson) empfinden können. Kinder, die einen solch sicheren Rückhalt nicht haben, die schon in frühem Alter in Kindergruppen einfach abgegeben und „aufbewahrt“ werden – ohne daß als sichere Zuflucht die Mutter/der Vater oder eine andere ständige Bezugsperson einfach da ist, entwickeln oft ein Gefühl der Haltlosigkeit, des Sich-Verlierens, bis hin zu Angst- oder Panikgefühlen und grenzenloser Verzweiflung.

„Die geglückte Loslösung von der Mutter/dem Vater... setzt immer voraus, daß die Bindung befriedigend war. Mangel an Befriedigung ist es, der zum konflikthaften Sich-nicht Lösen-können führt.“[3]

Ein Kind, das gefühlsmäßig – nicht nur körperlich – satt ist, weil es genug Liebe bekommen hat, wird wirkliche Bindungen zu anderen Menschen eingehen können und diese als befriedigend erleben. Dabei sollte allerdings nicht übersehen werden, daß ein Kleinstkind

[3] Sichtermann, Barbara, Leben mit einem Neugeborenen, Frankfurt 1983, S. 51.

noch sehr ich-bezogen ist und sich selbst zunächst als den „kleinen Prinzen“ oder die „kleine Prinzessin“, also den Mittelpunkt seiner kleinen Kinderwelt betrachtet.

VOR DIESEM HINTERGRUND SOLLTEN KEINE VERFRÜHTEN UND ÜBERZOGENEN ERWARTUNGEN AN EINE SOGENANNTE „GRUPPENFÄHIGKEIT“ GESTELLT WERDEN.

2. Konzeptionsbeschreibung

2.1 Allgemeine Absichten, Tendenzen, Möglichkeiten

❍ Die Gruppe kann bereits in der Schwangerschaft beginnen. Sie endet mit dem Eintritt der Kinder in den Kindergarten. Gemäß dem Alter der Kinder gliedert sich die Gruppe in vier Abschnitte.[4]

Ein Zwischen-Einstieg von neuen Teilnehmern ist nach Bedarf und Gruppensituation möglich. Die Gruppenleitung ist nach Möglichkeit gleichbleibend.[5]

❍ Die Mutter/der Vater bzw. die Mutter-Kind-Beziehung oder Vater-Kind-Beziehung stehen im Mittelpunkt.

❍ Inhalte sind:

In der Schwangerschaft: Gespräche und Entspannungsübungen

Im Säuglingsalter: Gespräche, Entspannung – Babymassage, Spiele am Körper der Mutter oder des Vaters, Erfahren von Materialien

Bei älteren Kindern: Gespräche, werken, gestalten, Bewegungs- und Singspiele (für alle Sinne)

❍ Spiel- und Gesprächsinhalte werden zunächst von der Gruppenleitung, später auch zusammen mit den Eltern überlegt, ausprobiert, reflektiert.

❍ Im Säuglingsalter sind die Kinder nackt, der Raum ist warm, der Boden mit abwaschbaren Matten ausgelegt. Für Erwachsene gibt es spezielle Sitzpolster, Kissen usw., damit sie sich selbst entspannen können.

Für ältere Kinder bietet der Raum Kindertische, Stühle usw.[6]

[4] Schwangeren-Gruppe (Vorbereitung auf die Elternschaft); Phase von 0–1 Jahr; Phase von 1–2 Jahren; Phase von 2–3 Jahren.

[5] Nicht immer wird es gelingen, daß die Gruppenleitung dieselbe bleibt. Hier handelt es sich um eine idealtypische Darstellung. Ebenso kann man nicht ausschließen, daß im Laufe der Zeit einzelne Mitglieder die Gruppe verlassen werden. Auch das Postulat „Vom Säuglingsalter bis zum Kindergarten“ wird sich nicht immer realisieren lassen. Manchmal erfahren Teilnehmer von solchen Eltern-Kind-Gruppen erst, wenn ihre Kinder schon 2 oder 3 Jahre alt sind!

[6] Zum Thema Raumgestaltung bei Baby-, Krabbel- und Kleinkindergruppen empfehle ich das Buch „Krippenbilder“ von Kornelia Schneider, Fipp-Verlag.

❍ Die Gruppe bietet auch Möglichkeiten zur Körperarbeit und Entspannungsübungen für Eltern.
❍ Die Gruppe ist anfangs primär ein Angebot für Erwachsene (sich selbst erfahren und annehmen im Umgang mit dem Kind).
Mit zunehmendem Alter werden die Kinder gleichberechtigte Adressaten des Kurses.
❍ Eltern und Familien werden in ihrer gesamten Lebenswirklichkeit gesehen (gesellschaftliches Umfeld, Rollenverständnis, Rollenkonflikte, Beruf etc.)
❍ Zur Einführung und zum Erfahrungsaustausch werden Elternabende angeboten.
❍ Die Eltern sollen lernen, in sich zu ruhen, sollen sensibel werden für eigene Bedürfnisse und Gefühle sowie für die Bedürfnisse und Gefühle des Kindes und dessen individuelle Entwicklung.
❍ Spielangebote sind so reduziert, daß sie zwar Impulse setzen, aber nicht überfordern. Sie bieten Raum für Eigenaktivität und Kreativität. Die Spielangebote bewegen sich zunächst vornehmlich im Bereich der Psychomotorik.

2.2. Ziele

2.2.1. Ziele einer Erwachsenenbildung in Eltern-Kind-Gruppen

Affektive Ziele

❍ Entfalten der eigenen Intuition
❍ Vertiefung der Selbst- und Fremdwahrnehmung in der Gruppe
❍ Sensibilisierung für Bedürfnisse und Gefühle
❍ Auseinandersetzung mit der eigenen Mutter- bzw. Vaterrolle
❍ Öffnung für Kontakte – Überwinden der kleinfamilialen Isolation
❍ Beteiligung an der Lösung von Gruppen-Problemen
❍ Verhaltenssicherheit gegenüber eigenen und fremden Kindern und Erwachsenen
❍ Psychische Entlastung durch Aussprache mit anderen
❍ Förderung der Spielfähigkeit und Kreativität bei Erwachsenen
❍ Erleben von Ruhe, Entspannung, Konzentration
❍ Entwicklung eines positiven Gruppengefühls

Psychomotorische Ziele

❍ Entwicklung von Körpergefühl und Körperkontakt als Basis der Kommunikation zwischen Eltern und Kindern
❍ Grobmotorische Bewegungskoordination (Turnen, Tanzen, Kreisspiele)
❍ Übung der Feinmotorik (manuelle Tätigkeiten)

❍ Verstehen und Reagieren auf non-verbale Signale (Gestik/Mimik von Kindern und Erwachsenen)
❍ Erweiterung der sprachlichen Ausdrucksmöglichkeiten (z.B. Verbalisierung von Gedanken und Gefühlen)

Kognitive Ziele

❍ Erwerb von Wissen und Erfahrung über kind- und familienbezogene Themen
❍ Wecken von Interesse an der körperlichen und geistig-seelischen Entwicklung der Babys und Kleinstkinder (sensible Einschätzung)
❍ Reflexion der eigenen Lebenssituation und Familienwirklichkeit, des eigenen und fremden Erziehungsverhaltens
❍ Anwenden und Erproben der Kenntnisse im Alltag (Transfer)
❍ Beobachtung des kindlichen Verhaltens in der Gruppe (Reflexion)
❍ Befähigung der Eltern, einzelne Gruppenaktivitäten mit zu planen und durchzuführen
❍ Reflexion über Kursinhalte/Bewertung

2.2.2. Ziele einer kindorientierten Arbeit in Eltern-Kind-Gruppen

Psychomotorische Ziele

❍ Erfahren von Hautkontakt, Gehalten- und Getragenwerden durch die Mutter/den Vater als Basis des Urvertrauens
❍ Wecken von Freude an grobmotorischen und feinmotorischen Spiel- und Bewegungsangeboten
❍ Ansprechen der Sinne (sehen, hören, tasten, riechen, Gleichgewicht, Bewegung)
❍ Erleben eines kindgerechten Aktions- und Erfahrungsraumes
❍ Erfahren unterschiedlicher non-verbaler und verbaler Signale

Affektive Ziele

❍ Erleben von Sicherheit bei der Mutter in einer stabilen Mutter-Kind-Beziehung (bzw. Vater-Kind …)
❍ Spaß und Freude an anderen Kindern/Erwachsenen
❍ Langsame soziale Kontaktaufnahme
❍ Entwicklung von Grundformen eines gemeinsamen Spielverhaltens (zusehen, neben anderen spielen, später: *mit* anderen …)
❍ Entwicklung und Unterstützung der kindlichen Neugier, Kreativität und Spontaneität

Kognitive Ziele

❍ Menschen, Dinge, Materialien wahrnehmen, erkennen, wiedererkennen, zuordnen
❍ Eigenschaften erfahren
❍ kleine Abläufe erleben und nachvollziehen (Rhythmus)
❍ Umweltinteresse vertiefen

Teil 1: Kurs

1. Erwachsenenbezogene Kursinhalte

1.1. Eltern-Kind-Gruppen: ein Lernfeld für Erwachsene?

Sind Eltern, die eine Eltern-Kind-Gruppe besuchen, lernende Erwachsene? Sicherlich würden sich Teilnehmer bei einer Befragung nach ihrem Selbstverständnis nicht unbedingt als Lernende bezeichnen. Man lernt, wenn man einen Kochkurs besucht oder einen Englischkurs oder ein Seminar über politische Bildung. Aber lernen in einer Eltern-Kind-Gruppe? Was könnte man da als Erwachsener noch lernen? Und doch:

Eine Mutter, die ihr Kind beim Spiel in der Gruppe beobachtet und beispielsweise sieht, daß es ständig auf andere Kinder losgeht, diese schlägt, kneift oder schubst, erkennt plötzlich ein bisher nie bemerktes Aggressionspotential, das in ihrem „kleinen Tyrannen" schlummert. Sie fängt an, nach möglichen Gründen für das Verhalten zu suchen. Vielleicht unterhält sie sich mit anderen Eltern oder der Gruppenleitung über das Problem. Möglicherweise diskutiert sie auch mit ihrem Partner darüber. Eventuell sucht sie nach Antworten in Elternzeitschriften oder Erziehungsbüchern. Auf jeden Fall wurde durch die Beobachtung ein Lernprozeß ausgelöst.

Lernen ist bei den Erwachsenen in den Eltern-Kind-Gruppen auf verschiedenen Ebenen möglich: z.B. auf der sachlich-pragmatischen Ebene, wenn es um Informationen über Pflege, Ernährung, Erziehung und Spielverhalten von Babys und Kleinstkindern geht, um Fragen der Haushaltsführung, des Berufes, der Umwelt. Oder auf der Verhaltens- oder Beziehungsebene, wenn Beobachtungen und Erfahrungen thematisiert und reflektiert, und die Teilnehmer mit eigenen und fremden Einstellungen, Empfindungen und Verhaltensweisen konfrontiert werden.

Eltern, Kinder, Familien sollen besser mit sich selbst und miteinander umgehen lernen, ihre Außenbeziehungen stärken und ihr gesellschaftliches Umfeld aktiv mitgestalten.

Wir versuchen in unserer Arbeit mit Eltern-Kind-Gruppen einen Ansatz zu verwirklichen, der nicht bloß Defizite feststellt, sondern

Wege aufzeigt und natürliche Beziehungen zwischen Erwachsenen und Kindern erfahrbar macht.

Erwachsenen- und Elternbildung dient hier der:

❍ *Wahrnehmung/Bewußtwerdung* – auf sich selbst, die Kinder, die Familie, die gesamte Lebenssituation bezogen
❍ *Daseinserfüllung* – die Gemeinschaft in der Gruppe als Bereicherung und Erfüllung erleben
❍ *Lebensbewältigung* – Klärung und Aufarbeitung von familienbezogenen Fragen

1.2. Wie lernen Erwachsene?

❍ *Reiz-Reaktions-Theorien*
beschreiben, stark vereinfacht ausgedrückt, Lernvorgänge, die an äußere Reize gekoppelt sind. Dabei löst ein bestimmter Reiz eine bestimmte gelernte Reaktion aus (z. B.: bei einem Kinderspiel Hinsetzen bei Ertönen der Handtrommel.) Diese Modelle sind jedoch für ein umfassendes Verständnis von Erwachsenenbildung nicht so bedeutsam und müssen deshalb hier nicht näher ausgeführt werden.

❍ *Lernen durch Einsicht*
Kognitive Lerntheorien sind für die Erwachsenen- und Elternbildungsarbeit von Interesse, da es hier um die individuelle Verarbeitung von Fakten, das Begreifen von Zusammenhängen, um Problemlösung und Urteilsfähigkeit geht. So bilden sich die Eltern z.B. ihr eigenes Urteil über den Sinn und Unsinn von Impfungen bei Kindern, oder sie erkennen, daß ein Säugling, den man des öfteren zum Spielen in die Bauchlage bringt, mehr und andere motorische Entwicklungen zeigt (z.B. Kopfheben) als Kinder, die ausschließlich auf dem Rücken liegen.[7] Oder: Sie sehen ein, daß es besser ist, ein Kleinstkind mit Ton matschen und experimentieren zu lassen als gleich ein fertiges, gegenständliches Produkt – z.B. einen Apfel oder ein Tier – zu fordern.

❍ *Imitations- oder Modellernen*
Das Lernen durch Nachahmung vollzieht sich in einer modellhaften Situation, in der Verhaltensweisen einer oder mehrerer Personen imitiert bzw. nachvollzogen werden. Erwachsene in Eltern-Kind-

[7] Wenn ich in diesem Zusammenhang von „Bauchlage" des Kindes spreche, meine ich ausschließlich eine Lagerung des Kindes im Wachzustand. Gegen die Bauch-Schlaflage werden in letzter Zeit – z.B. in Presseveröffentlichungen – immer wieder Einwände geltend gemacht, die zunächst jedoch mehr spekulativen Charakter haben, z.B. im Zusammenhang mit dem sog. plötzlichen Kindstod.

Gruppen lernen an gewissen „Vorbildern". Die anderen Eltern und die Gruppenleitung sind „lebendige Beispiele" dafür, auf welch unterschiedliche Weise man mit Kleinstkindern umgehen und leben kann. Der Blick über den eigenen Tellerrand hinaus läßt persönliche Sehweisen in einem neuen Licht erscheinen.

❍ *Lernen durch Versuch und Irrtum oder: Probierhandeln in pädagogischen Situationen*
„Try and error" bzw. Versuch und Irrtum sind Bestandteile experimenteller Lernsituationen. So kann man z.B. sehen, ob und wie lange es sinnvoll ist, daß sich zwei Kleinstkinder um einen Ball zanken, ohne daß Erwachsene eingreifen. Des weiteren könnte eine Gruppe ein Spielmaterial oder eine Spielidee testen und sich fragen, ob sie sinnvoll und altersgemäß ist oder nicht. Vielleicht probieren die Teilnehmer auch aus, wie man einem aggressiven Kind helfen könnte, sich besser in die Gruppe zu integrieren. Wesentlich für den pädagogischen und sozialen Lernprozeß ist es, daß dieses *Probierhandeln* für die Eltern thematisiert wird, damit sie aktiv daran teilhaben und von der Auswertung persönlich profitieren können.

❍ *Identitätsorientierte Theorieansätze*
Neue Theorieansätze deuten Erwachsenenbildung stärker im Kontext der Identitätssuche. Wer bin ich? Welche Gefühle, Träume und Hoffnungen habe ich? Wie finde ich mein inneres Gleichgewicht zwischen den verschiedenen Rollenerwartungen, die an mich gestellt werden?

Dabei sind Einschnitte im Lebenslauf bzw. Identitätskrisen besonders lernrelevant. Solche Schaltstellen in der eigenen Biographie sind z.B. Heirat, Geburt des ersten Kindes, Aufgabe des Berufes, Umzug, Wiedereintritt in den Beruf usw. Die Bereitschaft und Fähigkeit, Umbruchphasen im Leben zu bewältigen ist u.a. auch abhängig von tragfähigen Sozialkontakten. Im Zusammenhang mit neuen Lebenssituationen stellen sich oft existentielle Fragen nach dem Wohin und Wozu. Durch eine Umfrage in unseren Eltern-Kind-Gruppen konnten wir feststellen, daß vornehmlich Frauen in die Kurse kommen. Väter sind gern gesehen, aber selten. Die überwiegende Mehrheit hat nur ein Kind und übt zur Zeit den Beruf nicht aus. Einige Frauen streben eine spätere Berufstätigkeit erklärtermaßen wieder an.

Das 1. Kind ist ein wichtiger Einschnitt im Leben, weil:
❍ sich der gesamte Tagesablauf ändert
❍ die Paarbeziehung ganz neu definiert werden muß (aus der

Zweier- wurde eine Dreierbeziehung; es kann zu sog. „Veränderungskrisen“ kommen)

❍ Freiräume zur Selbstverwirklichung nehmen ab

❍ Berufliche Perspektiven sind vorübergehend nachrangig

❍ Der Bekanntenkreis verändert sich (Bekannte ohne Kinder kommen seltener)

❍ Neue Kompetenzen müssen erworben werden (Babypflege usw.)

Das Ja zum Kind, die bewußte Entscheidung für ein Kind bedeutet nicht zwangsläufig, nur noch glückliche Mutter oder glücklicher Vater zu sein. Eltern-Kind-Gruppen, die Identitätslernen ermöglichen wollen, bieten genügend Raum für den Austausch von Alltagserfahrungen. Gerade Säuglingsgruppen bieten die Gelegenheit, über die Umstellung des Tagesablaufes nach der Geburt und über einschneidende Veränderungen in der Partnerschaft zu sprechen. Schon die Äußerung: „So habe ich mir das aber nicht vorgestellt“ macht deutlich, welche Diskrepanz oft zwischen Wunsch und Wirklichkeit liegen kann.

Thesen zur Diskussion:

Mutterschaft heute – wird sie noch immer idealisiert wie vor 100 Jahren?

❍ Die Schwierigkeiten hängen oft mit den hohen gesellschaftlichen Erwartungen an Mütter zusammen …

❍ Oftmals dauert es Wochen und Monate, bis nach der Geburt eines Kindes ein echtes Muttergefühl entsteht …

❍ Es wäre besser, Mutterschaft nicht so verklärt zu sehen. Frauen müssen über ihre Belastungen klagen dürfen …

❍ Besonders Erstgebärende erleben das erste Jahr als richtige Krisensituation …

❍ Durch Mutterschaft werden eigene, verschüttete Kindheitsgefühle wieder wach …
❍ Viele Paare geraten in eine Krise, wenn das Baby da ist …

Manche Eltern sind angenehm überrascht:
❍ Das habe ich mir schwieriger vorgestellt …
❍ Man sollte sich nicht verrückt machen lassen von den Kommentaren anderer Leute …
❍ Selbstaufgabe für's Kind muß nicht sein. Es gibt noch Omas, Freunde und Tagesmütter …
❍ Lieber einmal ein nervendes Kind aus der Hand geben als selber ständig im Streß zu sein …
❍ Ich brauche noch genügend Raum zur Selbstverwirklichung. Erst dann bin ich zufrieden, und eine zufriedene Mutter hat auch ein zufriedenes Kind …
❍ Seit unser Kind da ist, hat sich unser Leben völlig zum Positiven verändert.

Entdeckendes Lernen in der Erwachsenenbildung

Viele Teilnehmer kommen mit der Erwartungshaltung in die Gruppe: „Ich habe schließlich für den Kurs bezahlt, und dafür erwarte ich von der Leitung, daß sie ein fertiges Spiel- und Beschäftigungsprogramm für Kleinstkinder abspult, dem ich als Teilnehmer mehr passiv folge." Es ist allgemein zu beobachten, daß der Erwartungsdruck schon Kleinstkindern gegenüber in zum Teil unverantwortlicher Weise wächst. Gleichzeitig wächst auch die Konsumentenhaltung der Eltern. Die Bereitschaft, selber Ideen zu entwickeln, sich mitverantwortlich zu fühlen für das, was in der Eltern-Kind-Gruppe geschieht, ist nicht immer ausreichend gegeben.

Rezeptives Lernverhalten äußert sich in der Erwartung vorgedachter Anweisungen und in mechanischer Vermittlung – z.B. bei einer Bastelanweisung, einem Spielvorschlag etc.

Entdeckendes Lernen dagegen ermöglicht es, Vorschläge zu machen, Vorgänge mitzudenken und auszuprobieren und eigene Lösungen zu finden (z.B., wenn Eltern selbst ein Fest organisieren oder einen Elternabend mit vorbereiten bzw. Spielangebote ausprobieren). Werden Eltern zum Handeln aktiviert, fühlen sie sich mitverantwortlich für das Gruppengeschehen und verlassen so ihre abwartend kritische Beobachtungshaltung.

Bedingungen für entdeckendes Lernen:
❍ Aufgaben an Gruppenmitglieder delegieren und zur Aktivität auffordern (z.B. Eltern sammeln zu Hause Materialien, bringen Anregungen aus Büchern und Zeitschriften mit)

❍ Intuition und Gefühle wecken und zulassen
❍ Ängste bei den Teilnehmern abbauen durch Wertschätzung und positives Gruppenklima
❍ Gruppensituationen spontan erkennen, aufgreifen und für aktives Handeln nutzen

Die Gruppenleitung muß spontan und flexibel sein. Dabei kommt der Grundsatz der Situations- und Teilnehmerorientierung zum Tragen. Allerdings kann sie nicht alle Entscheidungen der Gruppe überlassen. Ein stärker direktives Vorgehen ist immer dann notwendig, wenn Selbststeuerungsprozesse an Grenzen kommen und prozeßbedingte Entscheidungen notwendig werden.

Erziehung läuft heute leider immer noch darauf hinaus, Kinder anzupassen und ihre Originalität und Spontaneität zu beschneiden. Dabei wird ihnen vorschnell die Möglichkeit genommen, eine eigene, vielleicht einmalige Lösung zu finden. Das Problem sind dabei die Erwachsenen und zunächst noch nicht die Kinder. In Eltern-Kind-Gruppen können Eltern lernen, wieder den Mut zu finden, etwas Neues zu wagen und zu entdecken, denn bei den Eltern muß eine veränderte Erziehung beginnen.

Der Grundsatz der Situations- und Teilnehmerorientierung

Grundsätzlich sind hier zwei Führungsstile zu unterscheiden:
❍ Aufgabenorientierung/Sachorientierung
❍ Situations- und Teilnehmerorientierung

Extreme *Aufgabenorientierung* stellt Sachaspekte eindeutig in den Mittelpunkt, z.B. die Vermittlung einer Maltechnik, die Durchführung eines bestimmten Spielangebots, die Behandlung eines Gesprächsthemas. Themen werden eingebracht, weil die Gruppenleitung sie als wichtig erachtet, ganz unabhängig davon, ob Teilnehmer-Interesse besteht oder nicht. Dabei findet keine sensible Einschätzung der Gruppensituation statt.

Situations- und Teilnehmerorientierung

dagegen bedeutet, Erwartungen und Bedürfnisse der Teilnehmer zu erkennen, Gruppenstrukturen und Gruppenbeziehungen zu erfassen und bei der Planung und Durchführung von Kursinhalten zu berücksichtigen. Ein Thema wird möglichst nur dann gewählt, wenn es sich unmittelbar aus der Gruppen-Situation ergibt und für die Teilnehmer relevant ist. Z.B. wäre es nicht sinnvoll, die Entwicklung im 1. Lebensjahr allgemein zu thematisieren – dieser theoretische Abriß ist eher für Pädagogen –, sondern situativ einen entwicklungspsychologischen Abriß nur dann einzubringen, wenn das konkrete Verhalten eines Kindes dies nahelegt.

Situations- und Teilnehmerorientierung erfordern vor allem kommunikative Kompetenz, die es ermöglicht, sich über vordergründige Sachaufgaben hinaus den einzelnen Teilnehmer-Persönlichkeiten zuzuwenden.

Eine Gruppenleitung, die selbst Ängste vor den Erwachsenen hat und sich lieber vornehmlich auf der Kind-Ebene und der der Spielangebote bewegt als auf der Erwachsenen-Ebene, wird den Aufgaben einer Erwachsenenbildung nicht gerecht. Konflikte sollten nicht ignoriert oder verdrängt, sondern zugelassen und bearbeitet werden.

Dazu bedarf es diverser Konfliktlösungsstrategien.

1.3. Gruppendynamik in der Erwachsenen-Gruppe

Unter Gruppen-Dynamik versteht man die Prozesse und Beziehungen

- der Mitglieder einer Gruppe untereinander
- gegenüber anderen vorgestellten und realen Gruppen und Personen
- gegenüber dem Gruppenleiter/der Gruppenleiterin

Diese Dynamik vollzieht sich auf zwei Ebenen:

❍ „Ebene der *erkennbaren* Dynamik (häufig mit den Entwicklungsstadien des Menschen verglichen)

❍ Ebene der *unausgesprochenen* Erwartungen, Befürchtungen, Hoffnungen ...“[8]

„Beim Eintritt in eine neue Gruppe wiederholt sich unbewußt das Modell der frühen Sozialbeziehungen so lange, bis eine befriedigende und angstfreie Kommunikationsmöglichkeit der Gruppenmitglieder untereinander und gegenüber dem Gruppenleiter gefunden ist. Der entscheidende Anteil der Dynamik besteht nun gerade darin, daß sich für das Gruppenmitglied in der Kommunikation mit den anderen bestimmte Aspekte ursprünglicher Objektbeziehungen und -erfahrungen wiederholen. Von einem Gruppenmitglied aus gesehen bedeutet dies, daß sich bei ihm bestimmten Teilnehmern gegenüber Sympathien oder Antipathien bilden, während andere zunächst gleichgültig erscheinen oder überhaupt nur begrenzt wahrgenommen werden.“[9]

Die frühen Objektbeziehungen, die das Kind allgemein in der Primärgruppe „Familie“ erlebt, prägen sein Kommunikationsver-

[8] Brocher, Tobias, Gruppendynamik und Erwachsenenbildung, Braunschweig 1967, S. 30.
[9] Brocher, a.a.O., S. 32.

halten und damit auch das Verhalten in Gruppen der Erwachsenenbildung. Je nachdem, wie diese frühen Beziehungsmuster in der Familie verliefen – z.B. geprägt von Angst, Unsicherheit, Ur-Mißtrauen oder gekennzeichnet von Sicherheit und Ur-Vertrauen –, so erlebt später der erwachsene Mensch sich selbst und andere in der Anfangssituation von Gruppenprozessen (z.B. mehr positiv-vertrauensvoll oder mehr negativ-mißtrauisch).

So kann z.B. subjektiv das Bild entstehen: die Gruppe ist unberechenbar, die Gruppe ist übermächtig, die Gruppe will mich fertigmachen, die Gruppe betrachtet mich kritisch, die Teilnehmerin X kann mich nicht leiden – oder auch: die Gruppe wird mich tragen, hier fühle ich mich wohl, ich vertraue der Gemeinschaft und freue mich auf das weitere Zusammensein mit den anderen.[10]

In der Orientierungsphase wiederholen sich beim Individuum jedoch nicht nur die Erfahrungen aus der Familiensituation selbst, sondern auch all jene Eindrücke, die beim Verlassen der Familie, d.h. beim Wechsel in Sekundärgruppen – wie z.B. Kindergarten, Schule, Beruf ... – gemacht wurden.

„Wie immer dieser Übergangsprozeß in sekundäre Gruppen beim einzelnen ursprünglich verlaufen ist, d.h. traumatisch und entwicklungshemmend oder positiv und entwicklungsfördernd, er wiederholt sich beim Eintritt in eine neue Gruppe – auch beim Eintritt in einen Kurs der Erwachsenenbildung.“[11]

„So sachbezogen und neutral ein Teilnehmer auch nach außen erscheinen mag, er kann nicht verhindern, daß er bestimmte Vorerfahrungen, Einstellungen und Gefühle aus der Vergangenheit auf neue Situationen und Menschen projiziert. Ergebnis dieser Projektion ist es oft, daß manche affektiven Reaktionen in keinem Verhältnis zum Anlaß und zur eigentlichen ‚Sache‘ stehen“ (z.B. Gesprächsthema).[12]

„Diese Zeichen mit ihren Hintergründen richtig zu erkennen und für die Arbeit einer Gruppe fruchtbar werden zu lassen, ohne sich selbst in affektiven Bindungen zu verheddern oder auf Provokationen falsch zu reagieren, sollte zu den ausgebildeten Fähigkeiten eines Gruppenleiters in der Erwachsenenbildung gehören.“[13]

[10] Aus psychoanalytischer Sicht steht die Gruppe auch symbolhaft für „Mutter“ und Mutter-Erfahrungen.

[11] Brocher, a.a.O., S. 34.

[12] Brocher, a.a.O., S. 32.

[13] Brocher, a.a.O., S. 32/33.

Beispiele für Gruppenstrukturen:

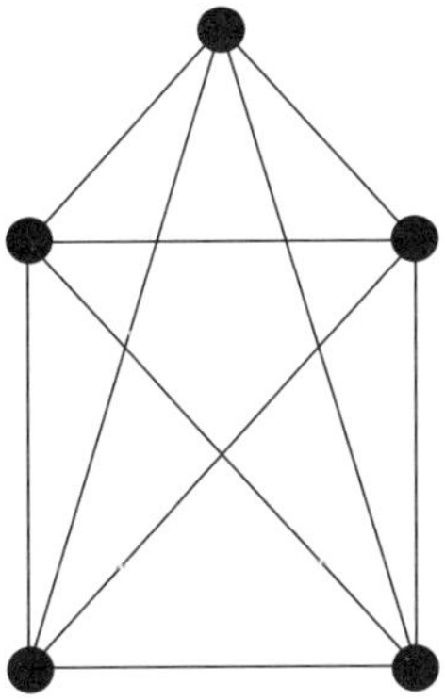

1

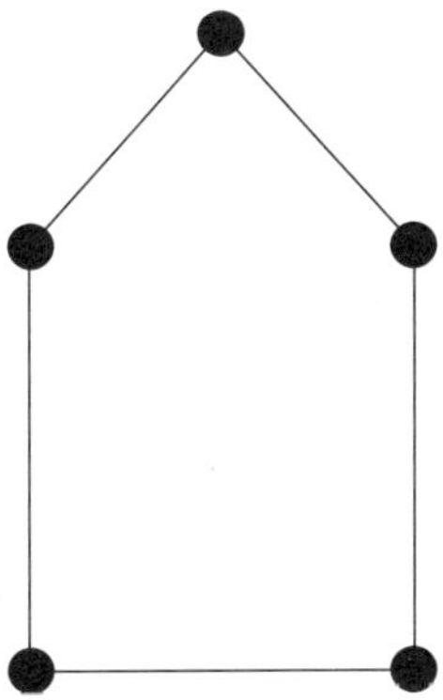

2

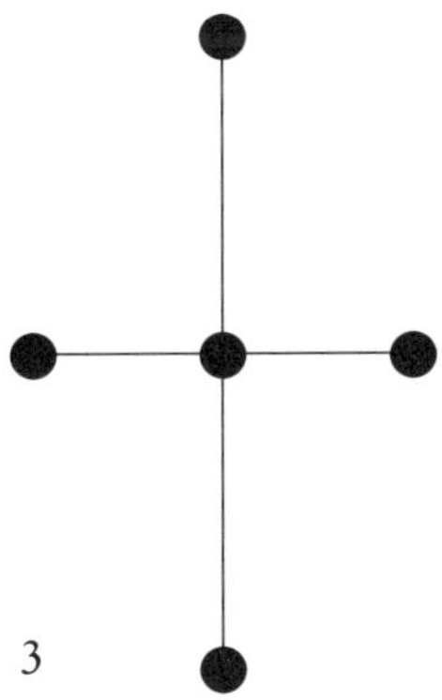

3

Abbildung 1 zeigt den Idealfall. Hier treten tatsächlich alle Teilnehmer mit allen anderen in Kontakt. Jedes Mitglied ist integriert.

Abbildung 2 verdeutlicht eine kreisförmige Gruppenstruktur. Nur bestimmte Mitglieder stehen in Kontakt zueinander.

Abbildung 3 gibt eine sternförmige Struktur wieder. Alle Gruppenmitglieder sind auf eine Person (GruppenleiterIn) fixiert. Es findet keine Kommunikation der Teilnehmer untereinander statt.

Das dritte Beispiel scheidet für die Kommunikation und Gruppenstruktur in Eltern-Kind-Gruppen völlig aus. Eine solche Struktur wäre allenfalls beim Besuch eines VHS-Kurses oder einem vergleichbaren Angebot denkbar, bei dem es frontal um die einseitige Vermittlung von Faktenwissen geht.

In Eltern-Kind-Gruppen sollte möglichst die volle Kommunikationsstruktur erreicht werden, eine Zielvorstellung, die nicht immer leicht zu verwirklichen ist. Oftmals existieren Untergruppen und Cliquen, die sich bewußt von anderen Teilnehmern abgrenzen (vergleiche kreisförmige Struktur!).

Hier ist es Aufgabe der Gruppenleitung, durch geschickte Gesprächsführung und kommunikative Angebote die Integration aller Gruppenmitglieder anzustreben.

1.4. Phasen im Gruppenprozeß

Eine Gruppe durchläuft verschiedene Stadien der Reife. Im folgenden sind diese Phasen idealtypisch dargestellt:

❍ *Orientierungsphase*
„Gekennzeichnet durch: Unsicherheit, ‚Abtasten', Beachtung von Konventionen, starke Selbstkontrolle, Distanz, Übertragung von früheren Erfahrungen auf die anderen Teilnehmer …

❍ *Positionskampf und Kontrolle*
Sich eine bestimmte Stellung sichern, Rangordnung festlegen, Verhalten des Kursleiters testen, Untergruppenbildung …

❍ *Vertrautheit und Intimität*
Engagement für die Gruppe, Übereinstimmung hinsichtlich der Normen, Ziele usw., Sicherheit, Integration von Außenseitern, Abbau von Schranken zwischen Untergruppen, Abgrenzung nach außen …

❍ *Differenzierung*
Engagement, Unterstützung, individuelle Beiträge, Flexibilität, Toleranz

❍ *Trennung, Ablösung*
Unterschiedlich ... Oftmals Versuch, die Existenz der Gruppe zu verlängern oder neue gemeinsame Aktivitäten zu verabreden ... (auch Leugnung der Trennung usw.)“.[14]

1.5. Förderung der Kommunikation in einer neuen Gruppe

Anfangssituationen sind ein Entscheidungsstadium für die weitere Kommunikation in einer neuen Gruppe. Hier werden bereits Weichen dafür gestellt, ob die Teilnehmer in infantiler Abhängigkeit vom Kursleiter verharren, oder ob sie aktiv an der Gestaltung des Gruppenlebens mitarbeiten.

Der Elternabend zum Kennenlernen (vor Kursbeginn)

Methoden:
– Vorstellungsrunde: Jeder stellt *sich* selbst vor
– Partner-Interview (jeder stellt den *Nachbarn* vor, nachdem er ihn ca. 10 Min befragt hat)
– Namen-Kette (jeder wiederholt die Namen seiner „Vorgänger“ und fügt schließlich seinen hinzu ...)
– Brain-storming (Stichworte, Erwartungen an den Kurs, z.B. auf eine Tafel schreiben)
– Interaktions-Spiel (z.B. gemeinsam ein Puzzle zusammensetzen, Collage erstellen, Würfelspiel mit Fragekarten zum Kurs)
– gemeinsames Lied
– Kennenlern-Tanz (z.B. Volkstanz)

Das Fragespiel

Ein großes Stück Plakatkarton dient als Spielfeld. Das Feld wird in sechs gleich große Kästchen eingeteilt, die jeweils von 1–6 numeriert sind. Auf dem 6. Feld befindet sich zusätzlich ein großes Fragezei-

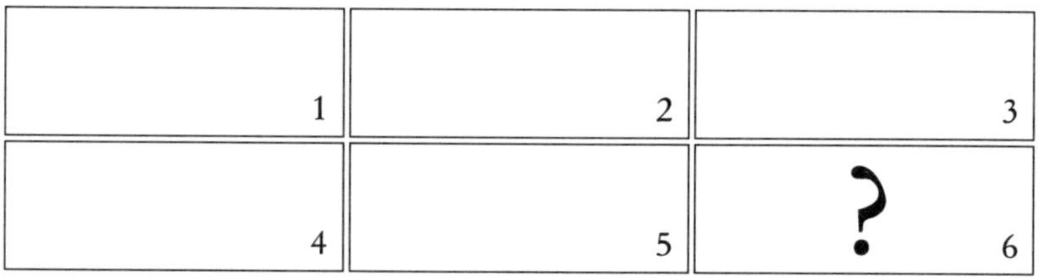

[14] Vgl. Loeber, Heinz, Lernen und Gruppe ... S. 86, Lerneinheit 4, in: Nebenberufliche Qualifikation (8 Lerneinheiten), 2. Auflage 1983.

chen. Reihum würfelt jeder Teilnehmer. Entsprechend der gewürfelten Zahl darf er die auf dem Feld liegende Fragekarte aufdecken, die Frage laut vorlesen und beantworten (allerdings steht es ihm frei, eventuell gar nicht oder nur ausweichend zu antworten!). Alle Fragen beziehen sich auf die Eltern-Kind-Gruppe, wie z.B.: Warum komme ich in diese Gruppe? Was erwarte ich von der Gruppe? Mein Kind sollte in dieser Gruppe ... Was erwarte ich von mir als Mutter/Vater? usw. ... Wird eine 6 gewürfelt, so kann sich die Gruppe eine Frage frei ausdenken. Über dieses Spiel kommen neue Gruppen sehr gut miteinander ins Gespräch.

Kennenlernen in der Spielgruppe

Methoden:
- Namenschilder zum Aufkleben
- Vorstellungsrunde im Spielkreis
- Ballspiele (Ball zurollen und Namen sagen)
- Namen klatschen, rufen, flüstern ...
- Für die Kinder: Handpuppe (Hemmungen überwinden)

Wichtige Anregungen

❍ Vereinbaren Sie als GruppenleiterIn möglichst einen Kennenlernabend vor Kursbeginn.
❍ Regen Sie die Gruppe bereits am Anfang zur Aktivität an.
❍ Wählen Sie Methoden, die die Teilnehmer miteinander ins Gespräch bringen.
❍ Halten Sie als Gruppenleitung möglichst keine langen Vorträge.
❍ Klären Sie die Erwartungen an den Kurs bei den Teilnehmern vorher ab.
❍ Vereinbaren Sie Regeln (Regelebene) für die Gruppenarbeit. Diese Regeln können später verändert werden!
❍ Vermitteln Sie den Teilnehmern, daß Sie als Gruppenleitung ein klares Konzept haben. Stellen Sie Ihre Vorstellungen in groben Zügen dar!
❍ Damit alle den gleichen Informationsstand haben, sollten Teilnehmer, die bei diesem Kennenlernabend nicht anwesend waren, über die getroffenen Vereinbarungen informiert werden. Dies ist wichtig!

Beispiele für Regeln innerhalb der Gruppe

❍ Kinder sollten so viel wie möglich *selbständig* tätig werden und möglichst *untereinander* spielen.
❍ Erwachsene nehmen *beobachtend* teil (außer sie werden direkt von einem Kind aufgefordert).
❍ Kinder dürfen sich *schmutzig* machen.
❍ So weit wie möglich tragen Kinder ihre Konflikte *untereinander* aus (wird eingegriffen, muß dies nicht durch die eigene Mutter geschehen ...).

❍ Die Gruppenleitung plant und verwirklicht die Spiel- und Gesprächsinhalte *gemeinsam* mit den Eltern (dies gilt nicht für neue Gruppen).
❍ Mit zunehmendem Alter der Kinder gehen die Erwachsenen *separaten* Tätigkeiten nach (im Raum oder Nebenraum – Kinderbetreuung!?). usw.

1.6. Konflikte in Eltern-Kind-Gruppen

Die unten stehende Abbildung zeigt die Kommunikation zwischen Teilnehmer A und Teilnehmer B. Der gestrichelte Rahmen symbolisiert die *Regeln* (Bedingungen, Absprachen ...), unter denen sich die Kommunikation vollzieht. In der Mitte zwischen A und B steht der *Inhalt* oder die Sache, um die es geht (z.B. Gesprächsinhalt). Gleichzeitig besteht zwischen A und B eine zwischenmenschliche *Beziehung* (Beziehungs-Ebene), die ebenso wie die bereits genannten Faktoren die Kommunikation bestimmt.

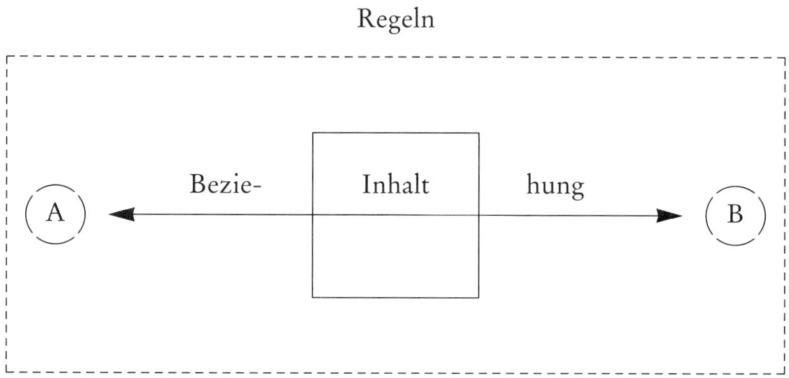

Regelebene
Hier handelt es sich um Regeln/Absprachen, die den organisatorischen Rahmen der Gruppenarbeit betreffen, wie z.B. Vereinbarungen über Kurszeiten, Essenszeiten, Abläufe, Aufräumen usw.

Inhaltsebene
Zu dieser Ebene gehören Inhalte/Sachaspekte, Themen, über die gesprochen wird (z.B. eine pädagogische Fragestellung, eine kreative Technik usw.) – ebenso bestimmte Werthaltungen, Einstellungen etc.

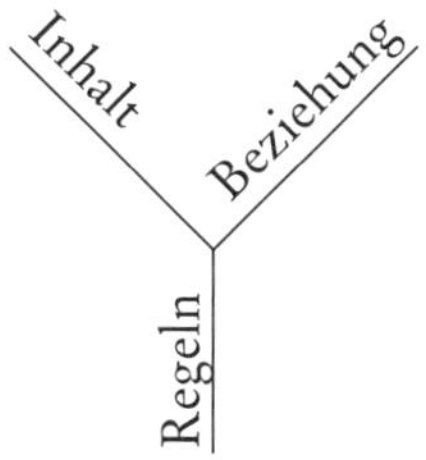

Beziehungsebene
In jeder Kommunikation schwingen Beziehungsaspekte mit, z.B. Gefühle wie Sympathie, Antipathie, Distanz, Untergruppenbildung, Rivalität, Ausagieren persönlicher Probleme, Infragestellen der Kursleiter-Autorität ... usw.

Bei einem *Konflikt* sind mindestens 2 Elemente
❍ *gleichzeitig* (z.B. in den Park gehen und gleichzeitig im Raum spielen wollen ...)
❍ *gegensätzlich* (z.B. Vater A will in den Streit der Kinder eingreifen, Mutter B nicht ...)
❍ *unvereinbar* (z.B. Kursleitung leitet Kinder kaum an, der Kurs dagegen will jede Stunde ein neues, ausgearbeitetes „Förderprogramm“ für die Kinder ...)

KONFLIKTE BEWIRKEN EINE AUFMERKSAMKEITSSTEIGERUNG! VÖLLIGE KONFLIKTFREIHEIT KANN AUF UNTERDRÜCKUNGSMECHANISMEN HINDEUTEN.

Konflikte in Eltern-Kind-Gruppen:

Regelebene
– Teilnehmer halten sich nicht an Kurszeiten (z.B. kommen zu spät ...)
– Teilnehmer halten sich nicht an abgesprochene Essens-Zeiten
– Teilnehmer räumen nicht mit auf
– Kinder dürfen sich nicht schmutzig machen
– Eltern bringen ein bestimmtes Material nicht mit
– Eltern greifen ständig in Konflikte der Kinder ein (entgegen der Absprache)
– Uneinigkeit über den Kursablauf (z.B.: Wann werden Kreisspiele angeboten?)
– Teilnehmer können nicht zuhören, reden ständig durcheinander
– Gruppenleitung hält sich nicht an vereinbarte Regeln bzw. spricht erst gar keine Regeln mit der Gruppe ab ... usw.
– Spiele und Spielregeln werden unterschiedlich interpretiert (z.B. Gruppenleitung spielt ein Spiel anders als die Teilnehmer dies gewohnt sind usw.)

Inhaltsebene
– Teilnehmer erwarten ständig ein wechselndes Beschäftigungsprogramm, die Gruppenleiterin/der Gruppenleiter ist dagegen
– Eltern erwarten Inhalte, die nicht altersentsprechend sind
– Uneinigkeit über angebotenes Spielzeug

– Unterschiedliche pädagogische Meinungen (z.B. über Trotz, Aggression, Sauberkeitserziehung)
– Kursinhalte sind nicht situationsbezogen und deshalb uninteressant
– Inhalte wiederholen sich zu oft (dies ist allerdings mehr ein Problem der Eltern als der Kinder!)

Beziehungsebene
– Sympathien, Antipathien gegenüber Teilnehmern oder der Gruppenleitung
– Vorurteile
– Untergruppen- und Cliquenbildung
– Persönliche Probleme von Teilnehmern/bzw. Gruppenleitung (z.B. Angst, Unsicherheit, Kontaktprobleme, Distanzierung, mangelndes Selbstwertgefühl)
– Verhaltensauffällige Kinder (besonders bei kindlicher Aggression)
– Klammer-Verhalten der Eltern (können sich nicht von ihrem Kind lösen)
– Problematisches Erziehungsverhalten (z.B. ein Kind schlagen)
– Teilnehmer sehen in der Gruppenleiterin/dem Gruppenleiter eine Animateurin/einen Animateur und wollen sich nur „berieseln" lassen
– Konkurrenz/Rivalität unter den Teilnehmern bzw. gegenüber der Gruppenleitung
– Verweigerung, Desinteresse (z.B., wenn Eltern wiederholt nicht zu Elternabenden kommen)
– Profilierungsverhalten (ich bin die/der „Tollste"…), Machtstreben
– Gruppenleitung macht sich unangreifbar
– Angst vor Kritik/Vermeidungsverhalten

Strategien zur Lösung von Konflikten

1. Schritt
Feststellung des Konfliktes durch Teilnehmer oder Gruppenleitung … möglichst ausgehend von der eigenen Wahrnehmung bzw. von eigenen Emotionen („Ich habe das Gefühl, daß …")

2. Schritt
Möglichst sachliche Beschreibung des Konfliktes ohne Bewertung oder Kritik

3. Schritt
Erforschung von Ursachen und Hintergründen, Klärung von Wünschen und Bedürfnissen („Es könnte daran liegen, daß …", „Ich wünsche mir, daß …" etc.)

4. Schritt
Sammlung von Lösungsvorschlägen („Vielleicht sollten wir ...“)

5. Schritt
Entscheidung für eine Lösung („Wir werden also demnächst ...“)

Ein angemessenes Mittel, aufgetretene Spannungen und Konflikte zu bearbeiten, ist das Gespräch darüber, wie eine bestimmte Situation oder ein bestimmtes Verhalten empfunden wurde. Dies sollte allerdings nur dann geschehen, wenn die Spannungen oder Störungen wirklich die Weiterentwicklung der Gruppe hemmen bzw. das Gruppen-Klima negativ beeinflussen. Dieser Meinungsaustausch wird auch als „themenzentrierte Interaktion“ oder „themenbezogener Zwischenaustausch“ bezeichnet, weil er immer wieder auf Themen bezogen ist und zwischen der allgemeinen Themenentwicklung liegt.[15]

Regeln der themenzentrierten Interaktion in Gruppen
(Kurzfassung mit eigener Kommentierung)

1. *Sei dein eigener Vorsitzender*
Bestimme selbst, was du sagen willst. Sprich oder schweig, wann du es willst, und richte dich nach deinen Bedürfnissen. Gib selber das, was du erhalten willst. Du selbst hast die Verantwortung dafür, was der Kurs dir gibt.

2. *Störungen haben Vorrang*
Unterbrich das Gespräch, wenn du nicht wirklich teilnehmen kannst (z.B. wenn du gelangweilt oder ärgerlich bist oder ganz andere Vorstellungen hast). Wenn die Störung behoben ist, kommt die Gruppe zum Thema oder zu der unterbrochenen Tätigkeit zurück.

3. *Wenn du willst, bitte um eine Kurzäußerung*
Wenn dir die Situation in der Gruppe nicht mehr klar ist, dann äußere zunächst deine Störung und bitte dann die anderen Gruppenmitglieder, ihre Gefühle im Moment zu schildern.

[15] In der Erwachsenenbildung taucht auch immer wieder der sprachwissenschaftliche Begriff „Meta-Kommunikation“ auf. Dazu gehört die Verständigung über die Kommunikation in der Gruppe.

4. *Es sollte immer nur einer sprechen*
Wenn mehrere Teilnehmer auf einmal sprechen, muß eine Lösung gefunden werden. „Seitengespräche“ gelten als Störung.

5. *Wage Experimente*
Frage dich, ob du dich so verhältst, wie du es wirklich willst. Oder möchtest du dich eigentlich anders verhalten – tust es aber nicht, weil du Angst hast? Ist dein Verhalten Annäherungs- oder Vermeidungsverhalten? Probiere ruhig einmal ein anderes Verhalten aus.

6. *Beobachte deine Körpersignale*
Horche in deinen Körper hinein – spüre deine Gefühle!

7. *Sage „ich“ statt „man“ oder „wir“*
Verstecke dich nicht hinter einem anonymen „man“ oder „wir“. Sprich von „ich“ (ich meine, ich denke ...), und zeige dich als Person.

8. *Eigene Meinung statt Fragen*
Wenn du eine Frage stellst, sage, warum du sie stellst (hinter Fragen kann man seine Meinung verstecken).

9. *Sprich direkt*
Wenn du jemanden in der Gruppe ansprechen willst, tu dies direkt (sprich ihn direkt an – mit Blickkontakt). Sprich nicht über einen Dritten zu einem anderen.

10. *Gib bzw. fordere Aussprachen und Rückmeldungen*
Gib Rückmeldungen, wenn du das Bedürfnis hast. Löst das Verhalten eines Gruppenmitgliedes angenehme oder unangenehme Gefühle aus, teile es ihm sofort mit und nicht über einen Dritten. Beschreibe ein Verhalten, ohne es zu bewerten. Vermeide Schuldzuweisungen! Äußere deine eigenen Gefühle ...

11. *Höre bei Rückmeldungen ruhig zu*
Versuche nicht gleich, dich zu verteidigen, oder die Sache klarzustellen. Versuche, zunächst nur zu schweigen und zuzuhören, dann von deinen Gefühlen zu sprechen, die durch das Feedback ausgelöst worden sind, und erst dann gehe auf den Inhalt ein. Es geht sowieso nicht um objektive Tatsachen, sondern um subjektive Wahrnehmungen deines Gegenübers ...“[16]

[16] Vgl. Cohn, Ruth C., Von der Psychoanalyse zur themenzentrierten Interaktion, Stuttgart 1978 – Kurzfassung der Thesen von Cohn mit eigener Kommentierung.

Der Kurs lebt von Rückmeldungen (engl.: „Feedback"), d.h. von dem Gespräch über den Gruppenprozess, über bestimmte Vorgänge, Verhaltensweisen und Empfindungen einzelner, mehrerer oder aller Teilnehmer.
Rückmeldungen sollten: rechtzeitig, konkret, beschreibend (nicht bewertend), klar, angemessen und brauchbar sein!

1.7. Wie rede ich mit den Eltern? – Techniken der Gesprächsführung

C. Rogers entwickelte in den 40er Jahren in den USA eine Technik der Gesprächsführung, die er „non direktiv" nannte. Diese Methode – ursprünglich eigentlich als Gesprächspsychotherapie konzipiert – läßt sich in Ansätzen (bei weitem nicht in allen Punkten, ich werde später noch einmal darauf zurückkommen) auf Gesprächs- und Beratungssituationen mit Eltern übertragen.

Welchen Grundsätzen folgt nun diese klientenzentrierte Gesprächsführung?

Autonomie des Individuums

Die Eltern als Individuen stehen im Mittelpunkt der Gesprächssituation, nicht das Problem, das sie vortragen. Sie haben die Fähigkeit zur Lösung des Problems (z.B. Erziehungsproblem). Die ihnen innewohnende Kraft zur Problemlösung muß lediglich freigesetzt werden.

Wenig Autoritätsgefälle

Die Beziehung zwischen der Beraterin/dem Berater (hier Gruppenleitung) und den Eltern (Ratsuchende) ist nicht vertikal, sondern horizontal. Die Kommunikationspartner begegnen sich auf einer Ebene.

Bestimmung des Gesprächsverlaufs durch die ratsuchenden Eltern

Die Eltern eröffnen das Gespräch, bestimmen dessen Verlauf und beenden es auch. Das Gespräch/die Gesprächsführung ist non-direktiv, d.h. nicht lenkend, nicht bestimmend.

Annahme des Gegenübers

Die Gruppenleiterin/der Gruppenleiter verzichtet auf Wertungen, Interpretationen, Tröstungen, vorgefertigte Lösungen von Problemen. Die Möglichkeit zur spontanen Aussprache, das Gespräch selbst hat bereits einen „therapeutischen" Wert.

Echtheit und emotionale Wärme

Nur in einer menschlich warmen Atmosphäre hat der Ratsuchende den Mut zur spontanen Exploration. Die Gruppenleiterin/der Gruppenleiter muß „echt" sein, d.h. sie/er darf sich nicht hinter einer Maske verstecken. Sie/er hört ehrlich und interessiert zu und ist für die Probleme der Eltern offen.

Betrachtung des Hier und Jetzt

Es geht nicht um die Bearbeitung der Vergangenheit (Kindheit) – es sei denn, die Ratsuchenden bringen dies von sich aus ein. Was zählt, ist das Hier und Jetzt.

Verbalisierung belastender Erlebnisinhalte

Die Gruppenleiterin/der Gruppenleiter wird zum Spiegel für die Eltern, die mit einer Frage/einem Problem kommen. Sie/er verbalisiert mit anderen Worten die Gesprächsinhalte, die von den Eltern genannt wurden. Dabei geht es nicht um sinnentleertes Nachsprechen oder Wiederholen, sondern um Ausdruck dessen, was sich zwischen den Worten verbirgt (Gefühle, Einstellungen), um eine Zusammenfassung von Gesprächsinhalten mit anderen Worten. Hier bekommt der Klient das Gefühl: Hier hört mir jemand zu, hier interessiert sich ein Mensch für mich, ich werde verstanden.

Es schließt sich jedoch zwangsläufig die Frage an, inwieweit die Grundsätze non-direktiver Gesprächsführung nach Rogers in Gesprächen mit Eltern überhaupt brauchbar sind. So bedeutsam die Autonomie des Individuums, die Zentrierung auf die Person des Ratsuchenden, die emotionale Wärme und das aktive Zuhören (ohne Ratschläge) im Einzelfall auch sein mögen, so kritikbedürftig ist jedoch eine strikte Anwendung dieser Methode. Eine sklavische Anwendung dieses Ansatzes bedeutet eine Unterordnung unter eine abstrakte Methode, ja „Methodenfetischismus". Direktive Elemente sind immer dann angezeigt, wenn es um die Beantwortung konkreter Fragen oder die Thematisierung konkreter Beobachtungen geht. In der Praxis erweist sich manchmal eine Kombination verschiedener Methoden (Methodenwechsel) als sinnvoll, z.B. ein Wechsel von non-direktiven zu direktiven Elementen und umgekehrt.

Die non-direktive Gesprächsführung in der Praxis (Gesprächsprotokoll):

Mutter: Ich weiß gar nicht, was mit unserem Florian los ist. Er will einfach nicht bei anderen Leuten bleiben. Sobald ich den Raum verlasse, schreit er jämmerlich und wirft sich auf den Boden.
G.-Leitung: Florian will nicht, daß Sie weggehen und bringt das auch ganz deutlich zum Ausdruck.
Mutter: Genau. Schon wenn ich ihm erzähle, daß ich ihn abgebe, sehe ich, wie er schluckt. Manchmal kann er kaum noch etwas essen.
G.-Leitung: Allein der Gedanke, daß er abgegeben wird, löst bei ihm sichtbare Reaktionen aus.
Mutter: Ja! Auch in der Spielgruppe. – Dabei ist er doch schon 3 Jahre alt. Neulich, als die Kinder ohne Mütter in der Küche Plätzchen backen sollten, wollte er nicht mit.
G.-Leitung: Er hat sich gesträubt.
Mutter: Das kann man wohl sagen. Sie wissen doch, wie er sich ver-

halten hat. Ich habe es mit Druck versucht. Ich weiß wirklich nicht, wie das im Kindergarten noch werden soll.
G.-Leitung: Zwang hat nicht zum Erfolg geführt. Jetzt denken Sie, daß er im Kindergarten ähnliche Verhaltensweisen zeigen wird.
Mutter: Ich kann mir das Theater vorstellen. Irgendwann muß sich das Kind doch abnabeln.
G.-Leitung: Florian soll selbständig werden und sich ein Stück von Ihnen lösen.
Mutter: Natürlich. Aber ich will ihn auch nicht enttäuschen. Vielleicht braucht er meine Zuwendung. Mein Mann und ich haben schon oft überlegt, wo die Ursachen liegen. Vielleicht ein schreckhaftes Erlebnis. Wir sind nicht weiter gekommen.
G.-Leitung: Sie fragen sich nach den Bedürfnissen des Kindes. Gleichzeitig können Sie sich nicht erklären, warum sich Florian so verhält.
Mutter: Vielleicht gibt es mehrere Ursachen.
G.-Leitung: Sie meinen, die Summe verschiedener Dinge.
Mutter: Ja. Verschiedene Sachen, die zu seinem Verhalten geführt haben. Aber ich weiß nicht: soll ich ihn nun zwingen, 'mal bei anderen Leuten zu bleiben – weil er einfach da durch muß – oder nicht?

NACH ROGERS DÜRFTE HIER KEIN LÖSUNGSVORSCHLAG GEMACHT WERDEN:

Wie könnte das Gespräch nun weitergehen?

Etwa so:
G.-Leitung: Sie schwanken zwischen zwei möglichen Verhaltensweisen.

Mutter (eine der möglichen Antworten, denn nach Rogers kennt jeder die Lösung seines Problems): Vielleicht werde ich ihn doch besser nicht zwingen und einfach abwarten. Eventuell braucht er die Sicherheit an meiner Seite. Irgendwann werden sich die Ängste schon verlieren.

HIER HAT DIE MUTTER DURCH DIE MÖGLICHKEIT DER AUSSPRACHE DIE LÖSUNG DES PROBLEMS SELBST GEFUNDEN, UND DAS GESPRÄCH WÄRE VERMUTLICH ZUNÄCHST BEENDET.

Ein Wechsel zu direktiver Vorgehensweise seitens der Gruppenleitung ist immer dann angezeigt, wenn es um ganz praktische und konkrete Fragen geht, z.B.:
– Wo gibt es im Umkreis eine Erziehungsberatungsstelle?

– Wie bereiten Ihrer Erfahrung nach die Kindergärten neue Kinder auf den Kindergarteneintritt vor?
– Wie haben Sie als GruppenleiterIn Florian in der Gruppe erlebt?
– Was machen wir nächste Woche im Kurs? usw.

Rahmenbedingungen für Gespräche

– Möglichst nicht im Beisein der Kinder über die Kinder reden!
– Erziehungsprobleme von einzelnen nicht sofort vor der Gruppe besprechen
– möglichst einen gesonderten Termin vereinbaren
– eine angenehme Gesprächsatmosphäre schaffen (ansprechender Raum etc.)
– das Gespräch nur dann vor oder mit der ganzen Gruppe führen, wenn die entsprechende Mutter/der Vater dies wünscht oder das Gespräch selbst vor der Gruppe beginnt
– wenn der Gesprächsimpuls von der Gruppenleitung ausgeht: Reizwörter und Wertungen vermeiden (nicht: Ihr Kind ist „aggressiv“, sondern: mir ist aufgefallen, daß P. heute einige Kinder geschubst oder gekniffen hat. Vielleicht sollten wir einmal darüber reden ...)
– Probleme nicht meiden. Konflikte erhöhen die Aufmerksamkeit und das Interesse an der Gruppe. Allerdings keine Probleme künstlich suchen!

1.8. Der Elternabend: eine leidige Pflicht? – Anregungen für die Gestaltung

Manchmal scheitern Elternabende am offensichtlichen oder versteckten Desinteresse der Eltern. Wenn eine Gruppenleiterin/ein Gruppenleiter anbietet, mit den Eltern außer Haus essen zu gehen, ist die Resonanz noch vergleichsweise groß. Bietet man dagegen einen Abend innerhalb der Einrichtung (Familienbildungsstätte, Volkshochschule usw.) an – dazu noch zu einem pädagogischen Thema oder zum Austausch über Gruppenprobleme –, finden auf einmal viele keinen Babysitter. Vielleicht kann auch die kranke Oma vorgeschoben werden, der Mann, der auf Dienstreise ist und das Auto hat, oder es paßt der Wochentag nicht (dienstags hat man immer Gymnastik, donnerstags Französisch), oder man hat eine Familienfeier ... Der Ausreden gibt es viele. Da stellt sich die Frage: Was soll ein Elternabend bringen? Und: Warum ist es so schwierig, einen befriedigenden Elternabend zustande zu bringen?

Gute Gründe für Elternabende

- Ich möchte in Ruhe mit anderen Eltern zusammensein – ohne Ablenkung und Störung durch Kinder.
- Wir können uns privat näherkommen und besser kennenlernen.
- Wir kommen einfach 'mal raus und tun etwas für uns.
- Ich möchte einen Erfahrungsaustausch mit anderen Eltern.
- Plötzlich erkenne ich: Ich stehe nicht allein da. Andere Eltern haben ähnliche Schwierigkeiten.
- Man kann über die Eltern-Kind-Gruppe reden und Beobachtungen austauschen.
- Wir können bei Bedarf über pädagogische Themen reden.
- Wir können auch etwas Praktisches tun (z.B. etwas gestalten – für die Kinder oder für die Gruppe).

Warum sind viele Elternabende so schlecht besucht?

Das muß natürlich nicht in jedem Fall so sein. Aber immer wieder klagen LeiterInnen von Eltern-Kind-Gruppen über das unzureichende Interesse und Engagement der Eltern.

Hier verschiedene Erklärungsmuster für solches Verhalten:

❍ Bei Teilnahme an Erwachsenenbildungsveranstaltungen setzt eine Regression ein. Man erinnert sich unbewußt an Erfahrungen mit vergleichbaren Gruppen und Institutionen. Erwachsenenveranstaltungen wecken unter Umständen Erinnerungen an schulisches Lernen und zurückliegende Schulerfahrungen. Je nachdem, wie diese Schulerfahrungen waren (angstbesetzt, leistungsorientiert, mißerfolgsbestimmt... oder eher erfreulich, erfolgreich...), werden solche Zusammenkünfte als angstbesetzt oder auch als erfreulich und positiv erlebt. Schlechte Schulerfahrungen führen zu einem *Vermeidungsverhalten* gegenüber Veranstaltungen der Erwachsenenbildung.

❍ Viele Eltern sind nach einem anstrengenden Alltag (Beruf, Familie) froh, wenn sie sich ihren privaten Freizeitaktivitäten widmen können. Dazu kommt die Konkurrenz durch Medien und durch die Freizeitindustrie. Vielleicht will man abends auch gar nicht mehr „vor die Tür gehen", sondern sich lieber entspannt im Fernsehsessel zurücklehnen.

❍ Häufig besteht auch die Angst, es könne bei solchen Abenden über das eigene Kind gesprochen werden. Man möchte einfach nicht im Mittelpunkt stehen und das Verhalten des eigenen Kindes oder das eigene Erziehungsverhalten reflektieren.

❍ Ein Großteil der Eltern zieht ungezwungene Plaudergespräche – z.B. in einem Restaurant – vor. Dagegen ist zwar grundsätzlich nichts einzuwenden. Elternabende im Restaurant sollten jedoch nicht die Regel sein (zu wenig Konzentration für effektive Gruppengespräche).

Inhalte und Methoden

Vor Planung und Durchführung eines Elternabends sollte die Leiterin/der Leiter versuchen, die Gruppensituation zu erfassen. Was interessiert die Eltern? Wo sind in der Gruppe Fragen oder Probleme aufgetreten? Welche Erwartungen oder Bedürfnisse bestehen? Sollten die Erwachsenen ihre Interessen nicht spontan äußern, kann man auch mit Fragezetteln, einem brainstorming o.ä. arbeiten. Als mögliche Themen kämen z.B. in Betracht:

❍ *Gespräche über die Kinder* und deren Verhaltensweisen: Jeder stellt sein eigenes Kind vor und fordert gegebenenfalls auch die anderen Gruppenmitglieder auf, ihre Meinung zu sagen.

❍ *Gruppenprobleme/Konflikte* auf der Regel-, Inhalts- oder Beziehungsebene

❍ *Reflexion der Gruppenstunden/Planung neuer Spielstunden* (Was ist wie gelaufen? Was könnten wir noch anbieten?)

❍ *Besprechung pädagogischer Themen,* die mit der Gruppensituation zusammenhängen: Fragen der Ernährung und Pflege, Eltern-Kind-Beziehung, Sauberkeitserziehung, kindlicher Trotz, motorische Entwicklung, soziale Entwicklung, Spielverhalten, gutes Spielzeug, Bilderbücher, kindliche Kreativität, Selbständigkeit und Loslösung, Kinderängste, religiöse Erziehung, Aggressionen, Übergang in den Kindergarten ...

❍ *Reflexion der eigenen Lebensgeschichte* und Familienwirklichkeit (Mutter- und Vaterrolle, mein Tagesablauf ...)

Der Energiekreis

Die Eltern zeichnen einen Kreis und tragen in diesen Kreis den Energie-Aufwand bzw. die Gewichtung verschiedener Tätigkeiten und Bereiche ein! Dieser Kreis dient als Gesprächsgrundlage über die jeweilige Lebenssituation ...

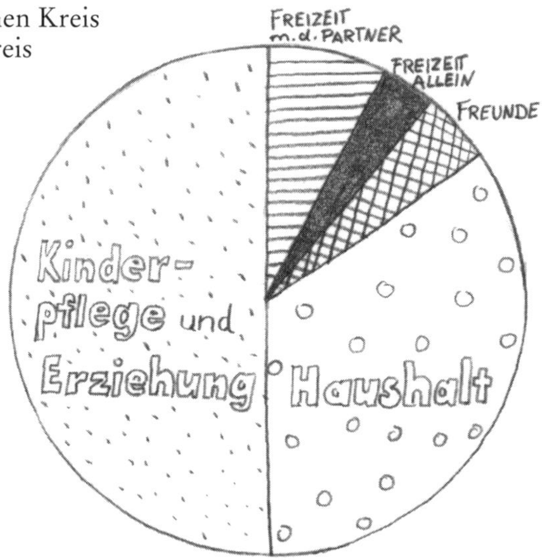

Weitere methodische Anregungen

„Mutterbilder“ aus verschiedenen Jahrhunderten oder aus der Gegenwart (Gemälde oder Fotos) als Gesprächsgrundlagen. Was sagen die Bilder aus. Wo finde ich mich wieder? Wo nicht?[17]

Oder „Kinderbilder“ (Wie sieht mein ideales Kind aus? Warum so? Was erwarte ich von meinem Kind? – wiederum anhand von Fotos oder Gemälden)
bzw. „Vaterbilder“ ... usw.

❍ *Kreative Angebote*
Malen oder Töpfern für Eltern, Mobiles für Babys, Tastspiel oder Tastbilderbuch, Tastsäckchen, einfache Rasseln und Instrumente, Wurfpuppe, Handpuppe, Fingerfarben und Knetteige zum Selbermachen, Tischlaternen für Zuhause, ein Fensterbild fürs Kinderzimmer ...

❍ *Elternnachmittage*
Hier handelt es sich um Veranstaltungen, z.B. an einem Samstag, an denen vielleicht auch einmal die Väter teilnehmen können (eine Bastelaktion, ein Zoobesuch, ein Picknick ...). Diese Nachmittage dienen vor allem der zwanglosen Kommunikation der Eltern untereinander. In der Regel werden dazu auch die Kinder mitgebracht.

❍ *Einüben von Spielen und Liedern* ***im Elternkreis***
Austausch von Spiel- und Liedtexten, Ausprobieren von Spielen und Liedern, Gestaltung eines Liederbuchs für Eltern, Einüben eines kleinen Handpuppenspiels oder eines einfachen Kindertanzes.

❍ *Der Eltern-Treff*
Manchmal treffen sich die Eltern der Eltern-Kind-Gruppen sporadisch oder regelmäßig mit ihren Kindern zu privaten Aktivitäten. Nicht selten finden diese Zusammenkünfte selbst dann noch statt, wenn die Kinder bereits im Kindergarten sind.

Elternabende sind ein wichtiger Bestandteil der Erwachsenenbildung in Eltern-Kind-Gruppen. Wichtig ist es jedoch, Inhalte, Methoden und Veranstaltungsformen aus der konkreten Gruppensituation zu entwickeln und keine Instrumente zu wählen, die der jeweiligen spezifischen Gruppenstruktur bzw. dem Gruppencharakter zuwiderlaufen.

[17] Mutterbilder sind sehr ansprechend in dem Buch von Frederick Leboyer, Das Fest der Geburt, München 1982, dargestellt.

HIER WÄRE ES DANN IM SINNE EINER TEILNEHMERORIENTIERUNG BESSER, SICH AUF DIE GRUPPENSITUATION EINZUSTELLEN UND EINEN KONSENS ZWISCHEN THEORETISCHEM ANSPRUCH UND DER KURS-REALITÄT ZU FINDEN.

Literatur

zum Thema Eltern- und Erwachsenenbildung:
Brocher, Tobias, Gruppendynamik und Erwachsenenbildung
Braunschweig 1967

Cohn, Ruth C., Von der Psychoanalyse zur themenzentrierten Interaktion
Stuttgart 1978

Rogers, Carl, Die nicht-direktive Beratung
München 1972

Tietgens, H./Weinberg, J., Erwachsene im Feld des Lehrens und Lernens
Braunschweig 1971

zum Thema Identität und Mutterrolle:
Die Mitarbeiterin
Werkheft für Frauenbildung und Frauenseelsorge, 14. Jahrgang 1990
6 Hefte zum Thema: Mutterrollen – Mutterbilder

Lazarre, Jane, Der Mutterschaftswahn
München 1991

Leboyer, Frederick, Das Fest der Geburt
München 1982

Lissner, Anneliese/Süssmuth, Rita/Walter, Karin (Hrsg.),
Frauen-Lexikon. Traditionen, Fakten, Perspektiven
Siehe unter: Mutter/Mütter, Mutterbild, Mutterrolle ...
Freiburg 1991

Swigart, Jane, Von wegen Rabenmutter. Die harte Realität der Mutterliebe
München 1991

2. Kindbezogene Kursinhalte

2.1. Schwangerschaft: Vorbereitung auf das Kind

In der Praxis kommt es gar nicht so selten vor, daß aus Geburtsvorbereitungskursen später Eltern-Kind-Gruppen werden.

Schwangerschaftskurse, in denen werdende Eltern meist besonders sensibel und aufnahmefähig sind für alle möglichen Themen und Fragen rund ums Kinderkriegen, konzentrieren sich leider allzu häufig lediglich auf Entspannungs- und Atemtechniken, Säuglingspflege, Kreißsaalbesichtigung oder Geburtsfilme.

Sicherlich sind diese Themen und Techniken unbedingt notwendig, um sich auf das große Ereignis vorzubereiten. Allerdings finden sich immer noch zu wenig Gruppen, in denen die psychische Dimension von Schwangerschaft und Geburt genügend thematisiert wird. Dem Einfluß von Einstellungen, Lebensgewohnheiten und Empfindungen während der Schwangerschaft auf die körperliche und seelische Entwicklung der Ungeborenen wurden in letzter Zeit etliche Publikationen gewidmet (vgl. z.B. Katharina Zimmer, Das Leben vor dem Leben ...).

Darüber hinaus müßten auch Veränderungen in der Partnerschaft und mögliche Umstellungen des gesamten Lebens nach der Geburt besprochen werden. Meiner Erfahrung nach herrscht in Eltern-Kind-Gruppen, die sich bereits seit der Schwangerschaft oder frühen Säuglingszeit kennen, ein sehr persönliches, offenes Klima. In solchen Gruppen gibt es viel weniger Tabus und Ängste. In Geburtsvorbereitungskursen könnte neben der Bedeutung des Stillens für Mutter und Kind auch vom Körpertragen gesprochen werden. Viele Geburtsvorbereiterinnen demonstrieren in ihrem Kurs bereits die Handhabung eines Tragetuchs. In etlichen Kursen werden schon vor der Geburt „Baby-Treffen" vereinbart. Hier können Weichen für weitere Zusammenkünfte gestellt werden.

EINE ELTERN-KIND-GRUPPE WÄRE GEBOREN!

2.2. Das Liegekind (vom Zeitpunkt der Geburt bis ca. 6 Monate)

Man unterscheidet folgende psychomotorische Entwicklungsstufen im 1. Lebensjahr:
1. Das Liegekind (Geburt – 6 Monate)
2. Das Sitz-, Krabbel- und Gehkind (ca. 6 Monate – 1 Jahr)

Dieses Unterkapitel wird sich mit dem Kursangebot für Eltern von Liegekindern beschäftigen.

2.2.1. Körpertragen

Es ist eine Folge der biologischen Grundausstattung des Menschen, daß er im 1. Lebensjahr ständig und auch später noch viel herumgetragen wird. Das Menschenbaby ist am ehesten den Traglingen zuzuordnen (allerdings ist es nicht in der Lage, sich selbständig an der Mutter festzuhalten). Der Säugling erlebt sich und seine Mutter/Bezugsperson als Einheit. Für das Neugeborene ist die Mutter abwesend, wenn sie nur einen Meter neben ihm steht. Ein echtes Gefühl von Geborgenheit und Urvertrauen kann das Kind nur erfahren, wenn es Körperkontakt empfinden kann. Deshalb ist es wichtig, Kinder so wenig wie möglich einfach wegzulegen oder abzulegen, wie es z.B. nach Franz Rengglis These alle sog. „zivilisierten" Kulturen mit ihren Säuglingen tun. Je stärker eine Kultur Bereiche entwickelt, in denen Kinder stören, um so erfindungsreicher ist sie darin, Techniken zu entwickeln, die das Kind fernab von der Mutter ruhigstellen. Nach dem Zoologen Portmann ist das 1. Lebensjahr des Menschen eine „extrauterine Frühphase", d.h. eine verlängerte Schwangerschaft. Man müßte somit externe, postnatale Bedingungen schaffen, die dem emotionalen Erleben im Mutterleib ähnlich sind. Das *Körpertragen,* das *Gehalten-* und *Geschaukeltwerden* sind Urbedürfnisse und vermitteln dem Säugling ein bewegtes, spürbares Umhülltsein. Auf diese Weise entwickeln sich Urvertrauen und wachsendes Interesse an der Welt. Das Gehalten- und Getragenwerden sind elementare Bausteine einer gesunden geistig-seelisch-körperlichen Entwicklung.

Eltern sollten:

- die Bedeutung des Körpertragens erfahren
- über den Umgang mit einem Tragetuch informiert werden
- verschiedene Tragevarianten/auch Tragespiele ausprobieren
- Körperübungen erlernen, die bei Verspannungen und eventuellen Rückenproblemen beim Tragen helfen.

Verschiedene Tragehaltungen

(man geht mit dem Kind im Raum spazieren oder zu einem Lied im Kreis herum):

Die Tragehaltungen 1–4 regen den Gleichgewichtssinn des Kindes an und erleichtern ihm eine aktive Kopfhaltung. Die Tragehaltungen wurden in unseren Kursen immer wieder angewendet und als sehr hilfreich empfunden, besonders weil sie dem Kind ein aufmerksames Schauen und Betrachten, ein Teilnehmen am Umweltgeschehen ermöglichen. Eltern können diese Tragehaltungen auch zu Hause anwenden, z.B. indem sie mit dem Baby auf den Armen durch die Wohnung gehen und dem Kind die verschiedensten Dinge „zeigen".

Die Beispiele stammen zum Teil aus dem „Prager-Eltern-Kind-

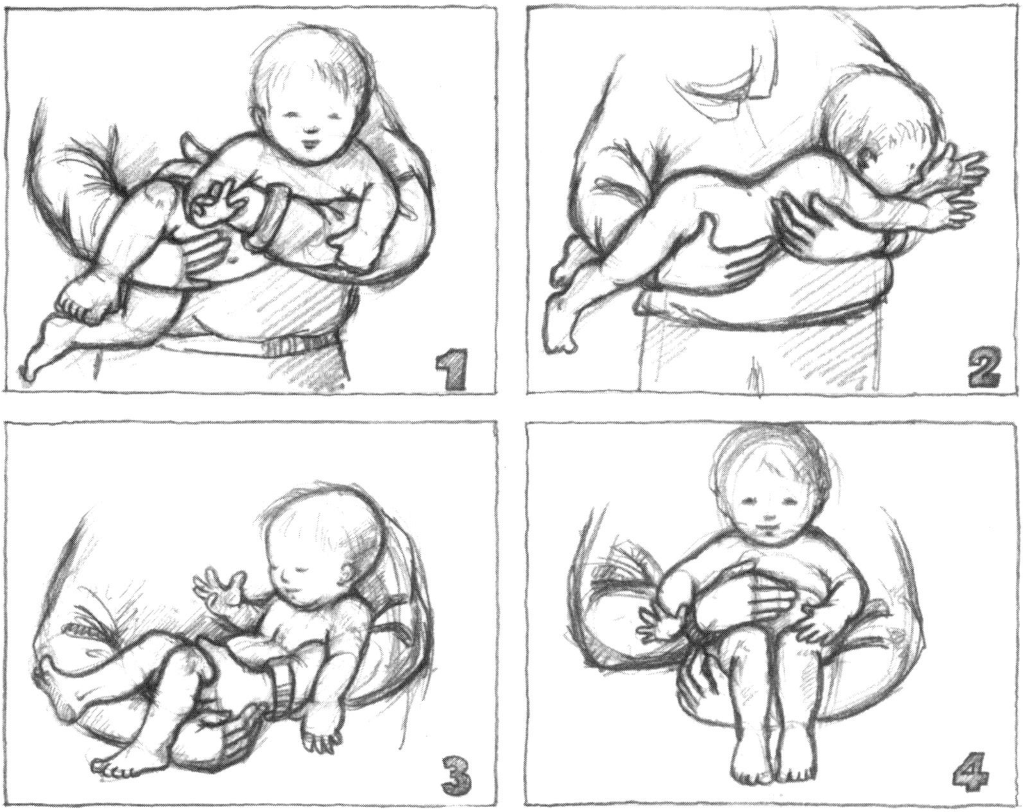

Programm". Andererseits sind sie jedoch auch „Allgemeingut", da viele Eltern diese Haltungen ganz intuitiv ausprobieren, ohne daß sie ihnen jemals gezeigt wurden.

„Ein Elefant" Beispiel für ein Lied, zu dem Eltern ihre Kinder in verschiedenen Tragehaltungen halten und wiegen können:

überliefert

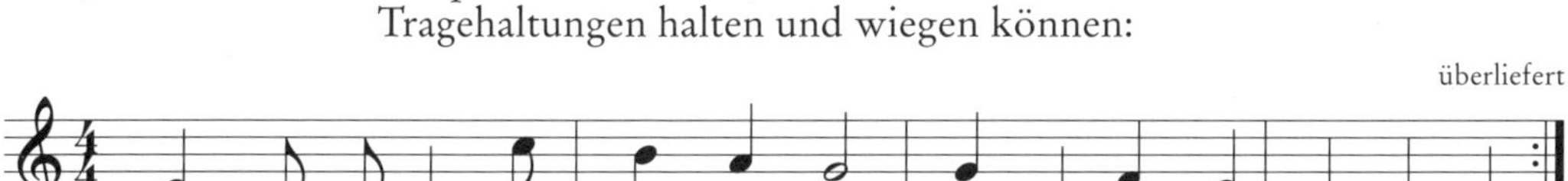

1. Ein E - le- fant wollt bum meln gehn, sich die wei - te Welt be-sehn.
2. Lang - sam setzt er Fuß vor Fuß, denn er ist kein Om- ni- bus.
3. Bald ist er nicht mehr al - lein, al - les tram- pelt hin- ter drein.
4. Und schon singt das gan - ze Land die- ses Lied vom E - le- fant.

„Die „Elefanten"-Mütter tragen ihre Kinder auf dem Rücken im Kreis herum, dazu wird gesungen. Die ganz Kleinen werden auf dem Arm getragen.

Anregung Thematisieren Sie auch mögliche negative Aspekte des Körpertragens, wie z.B. sog. „Rückenschäden", „Verwöhnung", Problematik der „Entwöhnung" vom Körpertragen („Wir sind doch keine Naturvölker", usw.")!

Literatur *zum Thema „Körpertragen":*

Hilsberg, Regina, Körpergefühl. Die Wurzeln der Kommunikation zwischen Eltern und Kind
Hamburg 1989

Liedloff, Jean, Auf der Suche nach dem verlorenen Glück
München 1980

Renggli, Franz, Angst und Geborgenheit. Soziokulturelle Folgen der Mutter-Kind-Beziehung im 1. Lebensjahr
Hamburg 1976

Sichtermann, Barbara, Leben mit einem Neugeborenen
Frankfurt 1982

DIDYMOS-Tragetücher
Erika Hoffmann
Uferstraße 30
Postfach 227
71602 Ludwigsburg-Hoheneck
Tel.: 07141-52 115

2.2.2. Babymassage

Alle Neugeborenen (aber auch ältere Kinder) brauchen, um sich gesund entwickeln zu können, streichelnde Umarmungen und Berührungen. „Das Berühren zwischen einem Baby und seiner Mutter ist von Bedeutung für dessen Hirnentwicklung und die Ausbildung einer guten Mutter-Kind-Bindung."[18]

Berührungen sind die Bausteine unserer emotionalen Stabilität. Die persönliche Identität des Säuglings gründet zuerst und ausschließlich auf seinem Körper. Seine Ich-Vorstellungen keimen aus der Haut. Entwicklungsgeschichtlich entstand die Haut aus dem Ektoderm, aus dem das Nervensystem hervorging.

[18] Ayres, Jean, Bausteine der kindlichen Entwicklung, Berlin, Heidelberg, New York, Tokyo 1984.

Dr. Ruth Rice, eine amerikanische Hebamme, Psychologin und Familienberaterin, beobachtete bei Frühgeburten, daß die regelmäßige Hautstimulation durch die Mütter zu Gewichtszunahme und zu neurologischem Wachstum führte.

Berühren und sanfte Massagen

- beschleunigen das neurologische Wachstum
- erhöhen den Ausstoß an Wachstumshormonen (Gewichtszunahme, körperliches Wachstum, psychische Stimulation)
- regen den Hypothalamus an (Blutdruck, Herzrhythmus, Körpertemperatur und Verdauung)
- vermindern die Adrenalin-Produktion (Reduktion von Stress-Hormonen)
- stimulieren das Gefäßsystem, die Zellaktivität, das endokrine System

Eltern sollen in der Gruppe

- zu ihrer natürlichen Intuition finden, das Baby spontan und liebevoll zu berühren.
- Dabei müssen sie sowohl Hemmungen gegenüber ihrem eigenen Körper als auch gegenüber dem Körper des Kindes überwinden („Körperfeindlichkeit“).
- Die Eltern werden in grundlegende Massagetechniken eingeführt (z.B. nach F. Leboyer). Sie lassen dabei aber ihrer Phantasie freien Lauf.
- Die Eltern bleiben während der ganzen Massage in Blickkontakt mit dem Kind.
- Sie nehmen die Reaktionen des Kindes auf die Berührung wahr und stimmen ihr eigenes Verhalten darauf ab.
- Weil verspannte, gestresste und nervöse Eltern nicht gut massieren können und ihre eigenen Verspannungen auf das Kind übertragen, sollten sie sich vor der Babymassage selbst entspannen und durch entsprechende Vorübungen lockern.

Der Gruppenraum bietet für die Eltern Kissen, Matten, Sitzpolster, die es erlauben, gemütlich und bequem zu sitzen und Entspannungspositionen einzunehmen.

Das Eltern-Kind-Konzept sieht einen engen Zusammenhang zwischen der Ruhe, Konzentrations- und Entspannungsfähigkeit der Eltern und einer einfühlsamen Beziehung zu ihrem Baby.

Massage ist ein Dialog zwischen Eltern und Baby. Das Baby spricht seine eigene Körpersprache, und die Eltern versuchen, diese Signale ihres Kindes zu verstehen und auf die ihnen gemäße Weise zu beantworten.

Entspannungsübungen für Mütter (Väter) als Vorbereitung auf die Baby-Massage

❍ Stress und Anspannung äußern sich in körperlichen Symptomen. Als Streßbarometer gelten *Bauch-*, *Hals-* und *Schulterbereich.* Streß äußert sich auch in einer veränderten – meist zu hastigen, flachen – *Atmung.*

❍ Die Mutter/der Vater überträgt seelische Befindlichkeit auf das Kind (z.B. durch ihren/seinen Muskeltonus, die Stimme, die Atmung, die Bewegungen ...). Dies bezeichnen wir mit *Spannungs-Übertragung!*

Das Kind re-agiert z.B. mit Weinen und Schreien, wenn sich die Mutter hektisch auf einen bevorstehenden Besuch vorbereitet. Es registriert die Art ihrer Bewegungen, den Klang ihrer Stimme, die hektischen Schritte im Raum, die Art und Weise, wie es von der Mutter auf den Arm genommen wird usw.

❍ Dieses Phänomen der Spannungs-Übertragung sollte den Müttern und Vätern in der Kursarbeit bewußt werden.

❍ Vor Beginn einer Baby-Massage z.B. sollte die Mutter/der Vater den eigenen Körper spüren und wahrnehmen (besonders die Atmung) und durch Lockerungsübungen entspannen.

❍ Dazu gehört auch eine angenehme Raum-Atmosphäre: gedämpftes Licht, Kissen, Decken, Blumen, Kerze etc.

Beispiele für Entspannungsübungen

❍ Den eigenen Atemrhythmus spüren (eventuell zur Musik – Aufmerksamkeit zwischen Atem und Musik hin- und herpendeln lassen)

❍ besonders Schultern und Nacken spüren – Schultern sollten nicht hochgezogen werden

❍ Schultern heben und senken (einzeln, zusammen)

❍ Schultern kreisen lassen

❍ mit den Fingern sanft die Schultern kneten

❍ Hals und Nacken massieren

❍ Arme hängen lassen, Arme gestreckt auf den Rücken führen, Hände falten (Schulterblätter werden somit automatisch zusammengebracht)[19]

❍ Gegenhaltung: Oberkörper entspannt nach vorn sinken lassen („Kutscherhaltung")

Vor Beginn der Baby-Massage

❍ Hände kreisen lassen (Arme sind dabei unbewegt)

❍ Hände rasch gegeneinander reiben

❍ mit den Händen „Wringbewegungen" ausführen, um die Handrücken zu erwärmen

[19] Hier empfiehlt sich auch die im Abschnitt „Verspannt und gestreßt vom Baby?" beschriebene Übung 2 – S. 74.

❍ mit entspannten Schultern Hände ausschütteln (anschließend: vorherige Wringbewegungen wiederholen)
❍ Unterarme vom Handgelenk zu den Ellenbogen gleichzeitig massieren, dazu Unterarme verschränken
❍ Unterarme heben und Hände herunterhängen lassen (Ellenbogen auf und ab bewegen, Hände baumeln locker)

Blickkontakt mit dem Kind aufnehmen (Massage ist ein Zwiegespräch ohne Worte)[20]

Baby-Massage (nach F. Leboyer)

Die Brust:[21]
– Öl auf der Brust des Kindes verteilen ... Von der Brustmitte zu den Seiten streichen (mit beiden Händen), zurückkommen und wieder von neuem ... als wolle man die Seiten eines Buches glätten ...
– Rechte Hand beginnt an der Körperseite des Kindes und streicht über Brust zur gegenüberliegenden Seite (Schulter). Dann mit der linken Hand ... Dann wieder die rechte Hand usw.

Die Arme:
– Baby auf die Seite drehen und Arme massieren:
Mit einer Hand hält man das Handgelenk des Babys fest, die andere Hand umfaßt die Schulter des Kindes und streicht langsam den Arm des Babys hinunter (die Finger bilden dabei einen festen, kleinen Ring und „melken" den Arm ...)
– Jetzt arbeiten die Hände gleichzeitig:
Sie ergreifen beide die Schulter des Kindes und bewegen sich mit kreisenden Bewegungen in Richtung Hand, wobei sie sich gegeneinander drehen ...
Wenn das Handgelenk erreicht ist, beginnt man wieder von vorn ...

Die Hände:
– Mit beiden Händen das Handgelenk des Kindes umfassen. Mit den Daumen die Innenfläche der Baby-Hand streicheln, bis zu den Fingern hin. Finger massieren: sie immer wieder entfalten und ausstreichen ... Seitenwechsel ...

[20] Die Übungen entstammen z.T. meiner prakt. Erfahrung als Yoga-Lehrerin. Empfehlenswert dazu: Vimala Schneider, Babymassage – siehe Literaturhinweise.
[21] In unseren Babykursen bieten wir bevorzugt die Massage nach Leboyer an. Die Massagegriffe sind – belegt mit entsprechenden Fotos – ausführlich beschrieben in: F. Leboyer, Sanfte Hände – die traditionelle Kunst der indischen Babymassage, München 1982.

Der Leib:
– Kind auf dem Rücken. Hände auf den Bauch des Kindes legen (direkt unterhalb der Brust) … abwärts massieren …
Variation: Füße des Kindes ergreifen und nach oben führen (auf diese Weise entspannt sich der Unterleib und die Massage geht tiefer)

Die Beine:
– Wie die Arme (Kind liegt jetzt aber nicht auf der Seite, sondern auf dem Rücken). Die Hand bildet einen festen kleinen Ring um das Bein des Kindes und streicht abwärts (erst Hände im Wechsel, dann gleichzeitig mit kreisenden Bewegungen vom Oberschenkel zum Knöchel hinunter).
– Knöchel und Fuß gesondert massieren, erst mit dem Daumen, dann mit der Handfläche, Beinwechsel.

Der Rücken:
– Bauchlage:
Quer über den Rücken … beide Hände arbeiten gleichzeitig quer über den Rücken, in entgegengesetzten Richtungen (abwärts streichen vom Hals zum Po und zurück)

Den Rücken entlang:
Linke Hand streicht abwärts die Wirbelsäule entlang … während die rechte Hand den Po umfaßt …
Variation: mit der rechten Hand die Füße umfassen, die linke Hand verlängert ihre Bewegungen und streicht bis zu den Füßen hinunter.

Das Gesicht:
– Die Stirn (Fingerspitzen beginnen in der Mitte und streichen zu den Seiten)
– Nasenrücken (beide Daumen streicheln seitlich an der Nase entlang zur Stirn …)
– Die Nase entlang abwärts (Daumen leicht auf die geschlossenen Augenlider des Babys) legen. Dann abwärts streichen und leicht zur Seite, so daß sie an der Nase entlanggleiten, die Mundwinkel erreichen und sanft den Mund in die Breite ziehen. Dann wieder zurück zu den Augenlidern …

Zum Abschluß der Massage

Beide Arme:
– Mit jeder Hand hält man eine Hand des Kindes. Man verschränkt beide Arme des Babys über seiner Brust, öffnet sie wieder und streckt sie aus, als wolle man Flügel entfalten. Dann kreuzt man sie wieder über der Brust …

Ein Arm und ein Bein:
– Nun umfaßt man einen Fuß und die gegenüberliegende Hand. Man streckt sie aus und kreuzt sie, so weit, daß das Füßchen des Kindes seine gegenüberliegende Schulter berührt und seine Hand den Oberschenkel erreicht (zurück und auf der anderen Seite wiederholen).

*Padmasana (*Lotus-Stellung):
Man umfaßt beide Füße und kreuzt sie über dem Unterleib. Dann wieder zurück und wiederholen ...

Allgemeine Hinweise zur Babymassage

Baby-Massage in einer Eltern-Kind-Gruppe dient dazu, den Eltern Massagetechniken zu vermitteln, die sie auch zu Hause – je nach Situation und Gestimmtheit des Kindes – anwenden können. Viele Gruppenleiterinnen demonstrieren die Massage- und Streichelbewegungen zunächst an einer großen Babypuppe.[22]

Zur Massage sollten Mutter und Kind möglichst entspannt, das Kind satt und zufrieden sein. Der Raum ist gut beheizt (ca. 27 Grad), da die Babys zur Massage ganz ausgezogen werden. Man bedeckt eventuell die Körperteile, die gerade nicht massiert werden, mit einem warmen Tuch. Das Baby liegt auf einer angenehmen Unterlage (Decke, Fell, weiche Matte) oder auf den Oberschenkeln der Mutter/des Vaters.

Die Massage wird entweder im Kreis für alle gezeigt und ausgeführt oder auch einzelnen Müttern/Vätern in einer separaten Ecke des Raumes angeboten, während die übrigen Eltern sich leise unterhalten oder mit ihren Babys spielen. In der Regel führt man die Massage von oben nach unten mit leichten, zarten, streichelnden Bewegungen aus. Dabei können auch Körperteile ausgelassen werden, die im Augenblick nicht zugänglich sind oder deren Massage das Baby nicht mag. Flexibilität bedeutet hier: Falls das Kind seine Lage ändern will, so sollte man diesem natürlichen Streben unbedingt nachgeben. Vorder- und Rückenseite werden gleichermaßen massiert (dazu Rücken- bzw. Bauchlage). Ein großer Teil der Kommunikation vollzieht sich über die Augen. Während der Massage besteht möglichst ein Blickkontakt zwischen Mutter/Vater und Kind. Dabei sind liebevolle, zum Teil auch intuitive Streichelbewegungen wichtiger als die strikte Orientierung an einer vorgegebenen Technik. Die Massage-Zeit schwankt in den Gruppen im allgemeinen zwischen 10

[22] Zur Demonstration eignen sich gut die Wickelpuppen, die oft in Säuglingspflege- und Geburtsvorbereitungskursen verwendet werden!

und 20 Minuten. Hier der Test einer Gruppenleiterin, wie man den richtigen Druck für die Massage findet:

Schließen Sie die Augen und drücken Sie Ihre Fingerspitzen auf Ihren Augapfel, so daß es für Sie angenehm ist. Mit dieser Druckstärke massieren Sie das Baby.

- dabei jede Bewegung mehrfach wiederholen (mindestens 3x)
- an schmalen, engen Stellen des Körpers reichen die Fingerspitzen für die Massage
- an größeren, breiten Stellen Finger oder ganze Handflächen benutzen
- streicheln bedeutet: mit zarten Bewegungen und leichtem Druck über die Haut gleiten
- massieren heißt: Muskeln unter der Haut ganz zart bewegen

Öle für die Babymassage: Sie sollten kalt gepreßt sein (das noch enthaltene Vitamin E ist gut für die Haut), z.B.: Sonnenblumenöl, Olivenöl, Mandelöl, Aprikosenöl, Senföl (wärmt im Winter), Kokosöl (kühlt im Sommer), Johanniskrautöl ...

Und natürlich geht es auch ohne „Technik“ ...:

Baby-Massage ist keineswegs so schwierig, wie es auf den ersten Blick erscheinen mag. Eltern erlernen sie am besten bei einer erfahrenen Kursleiterin oder durch spezielle Massage-Bücher, die meist mit vielen Fotos und Zeichnungen versehen sind und die einzelnen Massagegriffe veranschaulichen. Wie bereits erwähnt, steht nicht eine abstrakte Technik im Vordergrund, sondern die intuitive, gefühlsmäßige Bindung zum Kind. Auch ohne erlernte Handgriffe können Eltern ihr Baby liebevoll berühren und streicheln, wenn sie nur ihren Impulsen nachgeben.

Manche GruppenleiterInnen sehen ganz bewußt von der Vermittlung einer Technik ab und bieten dagegen folgende Übungen an:

- den Namen des Kindes ganz sanft mit den Fingerspitzen auf die Brust des Kindes „malen“
- eine große Herzform mit den Fingern beschreiben
- „ich liebe Dich“ auf den Körper des Kindes „schreiben“
- das Gesicht des Babys sanft berühren (seine Gesichtszüge bewußt spüren)
- den Körper des Babys mit wohlriechenden Ölen einreiben – das Kind dabei ansehen, mit ihm sprechen, ihm etwas vorsingen oder leise Musik dazu laufen lassen

Literatur

zum Thema „Babymassage“:
Leboyer, Frederick, Sanfte Hände. Die traditionelle Kunst der indischen Babymassage
München, 10. Auflage 1989

Schneider, Vimala, Baby-Massage. Praktische Anleitung für Mutter und Vater
München 1985

2.2.3. Schaukelspiele/Wiegenlieder

Schaukeln und Wiegen sind Urphänomene, die Freude auslösen und beruhigend wirken. Bereits der Fötus im Mutterleib wird hin und her geschaukelt. Von den Bewegungen der Mutter geht für das Kind eine ständige Simulation aus. Jean Ayres empfiehlt darum schwangere Frauen, viel zu schaukeln – beispielsweise in einem Schaukelstuhl. Schaukeln und Wiegen stimulieren das vestibuläre Funktionssystem (= Gleichgewichtssystem), das eine enge Verbindung hat zur Gesundheit des Gefühlslebens.

„Seit jeher benutzen Mütter das Wiegen, um ein weinendes Kind zu beruhigen. Die Wiege ist Symbol für den Frieden und die Gesundheit in der Kindheit ... Experimente haben gezeigt, daß Mangel an vestibulärer Stimulierung während der Kindheit erwachsene Tiere oft feindselig, aggressiv oder scheu macht ... Lange Schaukel- oder Wipperioden sind bekanntlich bei Heimkindern und Äffchen zu beobachten, denen man die Mutter weggenommen hat.“[22]

„Den Körper in verschiedenen Positionen wahrzunehmen, ihn zu drehen und zu wiegen, die Raumlage zu verändern, ihn als schwer oder gar fast schwerelos zu empfinden, ihn auch steuern zu können, sind Grunderfahrungen des Menschen, die er als Kleinkind mehr oder weniger unbewußt macht. In der psychomotorischen Erziehung hat die Anbahnung dieser Urerfahrungen einen zentralen Stellenwert. Auf ihr basieren alle weiteren motorischen Lernprozesse.“[23]

Eltern erfahren im Kurs:

❍ die Bedeutung des Wiegens und Schaukelns für das Gefühlsleben des Kindes
❍ sie singen oder summen Wiegenlieder (Text ist nicht so wichtig, mit der Stimme intuitiv experimentieren)
❍ sie probieren neue Körperhaltungen, in denen man das Kind wiegen und schaukeln kann:

[22] Vgl. Ayres, a.a.O., S. 108, 109.
[23] Praxis der Psychomotorik, Heft 4, Dortmund 1985, S. 124, 125.

In diesem Spiel üben Babys spielerisch die Kopfhaltung.

– Kind in den Armen halten und wiegen, dazu singen/summen ...
– Kind über die Schulter legen und sitzend oder stehend mit dem Oberkörper vor und zurück, hin und her schaukeln (auch nach rechts und links drehen)
– Beine anstellen , Kind auf Oberschenkel legen (Blickkontakt!) – *Rückenschaukel:* das Kind an den Händen festhalten und langsam vor- und zurückschaukeln. Dabei verlassen die Füße der Mutter/des Vaters den Boden (auch nach rechts und links schaukeln)
– Wiederholung: Jetzt Kind auf Unterschenkel legen
– Schaukelspiel in der Luft. Der Erwachsene hält das Kind mit gestreckten Armen und wiegt es hin und her, auf und nieder.
❍ *später können auch Hilfsmittel gewählt werden:*
– Tragetuch
– Decke: bei älteren Kindern schaukeln zwei Erwachsene das Kind in einer Decke, z.B. mit Liedbegleitung „Die Engelchen werden geschaukelt ...“
– Hängematte, die im Raum befestigt ist
– Schaukelstuhl: Ein Erwachsener sitzt im Schaukelstuhl, hat das Kind vor der Brust oder auf den Oberschenkeln und schaukelt es sanft vor und zurück
– Riesenball (Heilgymnastikball/Petziball) – Kind in Bauchlage oder sitzend auf dem Ball
– Schaukelpferd (wenn das Kind sitzen kann)
– Bollerwagen

Zu zweit in einem kuscheligen Schaukeltuch. Zunächst vielleicht ein wenig ungewohnt – aber schon bald empfinden die Kinder Freude an der Bewegung.

Liedvorschlag für Schaukelspieler

Volksgut

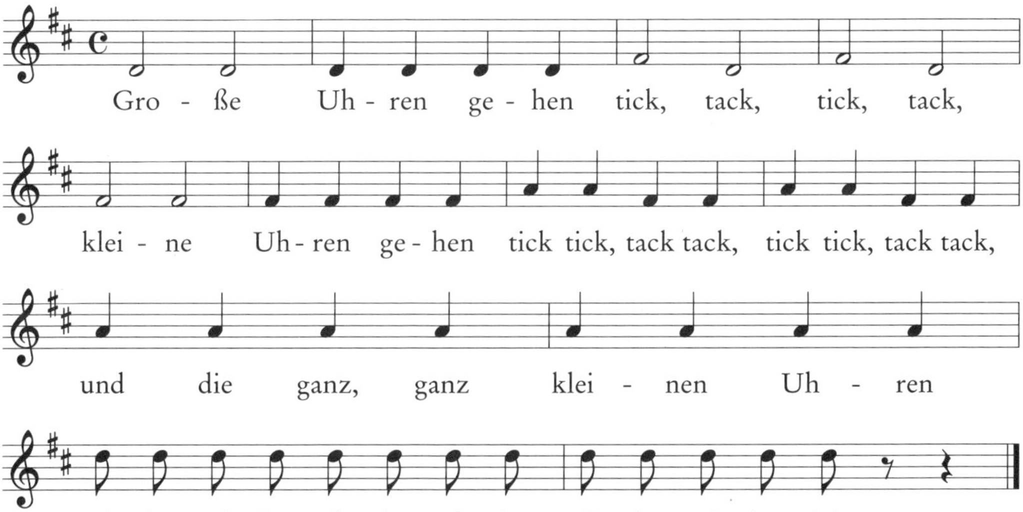

Der Erwachsene schaukelt das Kind entsprechend dem Rhythmus der Uhren erst langsam und dann immer schneller.

Übungen mit Pezzi-Bällen (Wiegen und Schaukeln)

Pezzi-Bälle sind dicke Gymnastikbälle aus Kunststoff. Viele Frauen kennen solche Bälle bereits aus Geburtsvorbereitungskursen.

Sie lassen sich jedoch auch sehr gut verwenden, wenn das Baby bereits da ist. Gemeinsam mit dem Kind wiegt und schaukelt sich die Mutter/der Vater auf dem Ball. Eine Übung, die sowohl das Körpergefühl der Mutter/des Vaters als auch das Bedürfnis des Kindes nach Wiegen und Schaukeln befriedigt (Einheit von Mutter und Kind).

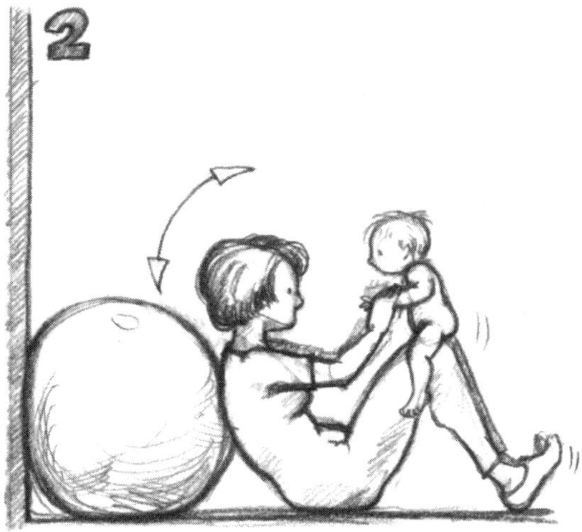

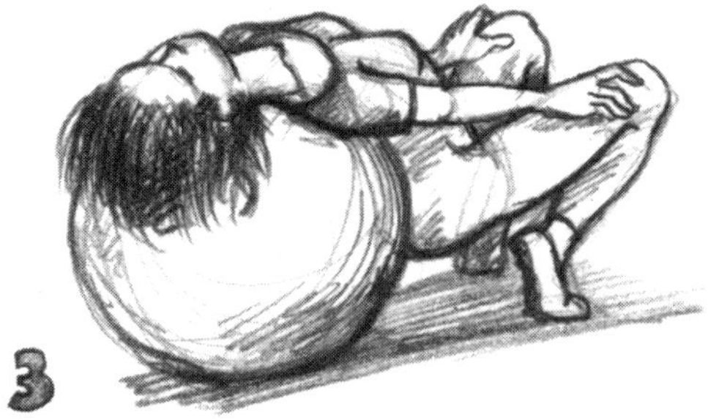

Abb. 1: Mutter und Kind sitzen auf dem Ball. Durch Kreisen, Wiegen oder Schaukeln des Beckens erfährt auch das Kind eine Bewegungsstimulation.

Abb. 2: Der Erwachsene lehnt mit dem Rücken an dem Gymnastikball (dieser wiederum liegt vor einer Wand). Der Kontakt zwischen Rücken und Ball bietet viele Möglichkeiten, mit dem Körper wiegende Bewegungen auszuführen. Das Kind sitzt auf den Knien und muß das Gleichgewicht ausbalancieren.

Abb. 3: Eine Übung für den Erwachsenen:
Sie massiert verkrampfte Rückenmuskeln (durch häufiges Körpertragen wird der Rücken des Erwachsenen oftmals strapaziert, z.B. „Kind im Tragetuch“ usw.). Aus der Hocke rückwärts auf den Ball legen. Hände auf den Knien abstützen. Langsam strecken und immer wieder über die Wirbelsäule in die Hocke zurückrollen.

Abb. 4: wie bei Nr. 3 – diesmal liegt das Kind auf dem Bauch der Mutter.

Abb. 5: Ältere Kinder können sich auf dem Rücken festhalten (der Erwachsene bäuchlings auf dem Ball).

4

5

Selbstgebaute „Schaukelgeräte"

Mattenwiege oder Babyschaukel

Gymnastikreifen
Gymnastikmatte oder andere Matte

Babys und Krabbelkinder werden in die Mitte gelegt und sanft hin- und hergeschaukelt!

„Rollende Babymatte"

Gymnastikstäbe oder andere Holzstäbe
Matte/Matratze

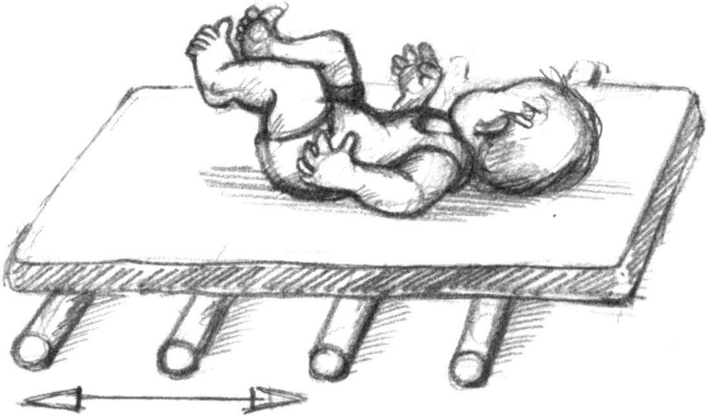

Kinder auf der „rollenden Matte" von rechts nach links und umgekehrt bewegen!

Literatur *zum Thema Wiegen, Schaukeln, Gleichgewicht:*
Ayres, Jean, Bausteine der kindlichen Entwicklung
Springer Verlag

Praxis der Psychomotorik, Heft 4
Dortmund 1985

2.2.4. Erfahrungsspiele für alle Sinne

Der Mensch hat folgende *Sinnesorgane* und *Wahrnehmungssysteme*:
- das Sehen (visuelle Wahrnehmung)
- das Hören (auditive Wahrnehmung)
- das Tasten (taktile Wahrnehmung)
- das Riechen
- das Schmecken
- den Gleichgewichtssinn (vestibuläre Wahrnehmung)
- die Bewegungsempfindung (kinästhetische Wahrnehmung)

Dr. Renate Zimmer weist darauf hin, daß gerade die taktilen (Tasten), vestibulären (Gleichgewicht) und kinästhetischen (Bewegung) Erfahrungen die Basis der sensorischen Verarbeitung darstellen, da sie die von der Entwicklung her jüngsten Formen der Wahrnehmung sind, auf denen alle weiteren aufbauen. Zuerst entwickeln sich:
- der Tastsinn
- der Bewegungssinn
- der Gleichgewichtssinn

Das taktile System (Tasten) ist das erste sensorische System, das sich schon im Mutterleib entwickelt. Die kinästhetische Wahrnehmung ist vor allem bei der Kontrolle der Eigenbewegungen und für die Bewegungskoordination von Bedeutung. „Der Gleichgewichtssinn formt die Grundbeziehungen, die der Mensch zur Schwerkraft und zu seiner psychischen Umwelt hat.“[25]

Lernen in früher Kindheit ist Lernen über Wahrnehmung und Bewegung. Jean Ayres weist darauf hin, welche Bedeutung Sinneswahrnehmungen und Bewegungsangebote haben. Nervenzellen müssen gereizt werden, um Brücken zu bilden. Je mehr Nervenverbindungen eine Person hat, umso größer ist ihre Lernfähigkeit und ihre Flexibilität (allerdings: kein früher Leistungsdruck, keine Überforderung und Reizüberflutung. Beschränkung auf einige wenige Spielinhalte, denen sich Eltern und Kinder konzentriert widmen).

[25] Ayres, a.a.O., S. 52.

„Berührungsreize sind von großer Bedeutung für die gesamte nervale Organisation ... Ohne ausreichende taktile Stimulierung des Körpers tendiert das Nervensystem dazu, aus dem Gleichgewicht zu geraten ...“[26] „Da sowohl das Nervensystem als auch die Haut von der gleichen Gewebeschicht stammen, spielen Berührungsreize eine primäre Rolle für die neurale Organisation.“[27]

Von Haut zu Haut

Sinnliche Erfahrungsspiele sind zunächst ein unmittelbarer körperlicher Dialog zwischen Mutter und Kind (Vater und Kind). Da das Baby zunächst auf „Mensch“ ausgerichtet ist, sollte keine allzu frühe Sachorientierung einsetzen. Die Berührungsempfindung ist wichtig als Quelle für emotionale Befriedigung.

Die Mutter/der Vater

- entwickelt ein durch Körperübungen vertieftes Gefühl für die Bedürfnisse des Kindes nach körperlicher Einheit (wie vor der Geburt), z.B.: Atemübungen: Kind auf Bauch/Brust legen, eigenen Atem spüren, Atem des Kindes ...
- Meditation: Kind betrachten, wahrnehmen – eventuell meditativer Spruch dazu
- Körperlicher Dialog: Kind berühren, zulächeln, ansprechen, körpersprachliche Antworten des Kindes wahrnehmen
- Massage-, Streichel- und Kitzelspiele
- Strampelspiele, z.B. Füße des Kindes fassen und Knie abwechselnd gegen Bauch des Kindes drücken
- Spiele zum Hochziehen, Hopsen, Fliegen
- Yoga für Babys (vgl. Leboyer)[28]

Mit Sachen und Materialien

Während der ersten Monate greift das Baby automatisch jeden Gegenstand, der die Handfläche berührt (Greifreflex). Ab dem 3. Monat greift das Kind gezielter. Es hält Gegenstände jedoch noch mit der ganzen Handinnenfläche. Erst um den 10. Monat erlernt das Kind den „Pinzettengriff“ (mit gestrecktem Daumen und Zeigefinger kleine Gegenstände aufnehmen), mit ca. 11 Monaten den „Zangengriff“ (dabei sind Finger gebeugt).

Um die taktile Wahrnehmung zu intensivieren, sollten Gegenstände und Oberflächen möglichst unterschiedlich sein, z.B. rauh, glatt, hart, weich, groß, klein, warm, kalt ... Dabei können Eltern erfahren, daß man auch ganz einfache Dinge aus der Umgebung des Kindes zu Spielgegenständen machen kann.

[26] Vgl. Ayres, a.a.O., S. 47.
[27] Vgl. Ayres, a.a.O., S. 55.
[28] „Yoga für Babys“ wurde anschaulich in dem Buch „Sanfte Hände – die traditionelle Kunst der indischen Babymassage“ dargestellt.

❍ *Tasterfahrungen* durch:
- Federn zum Kitzeln
- Tücher aus verschiedenen Materialien
- Tüll
- Pinsel und Bürsten
- Einfache Haushaltsgegenstände (Schneebesen)
- Luftballons zum Anfassen (wenig aufblasen und mit Sand, Erbsen, Reise füllen)
- Plastikfolie
- Tastsäckchen mit verschiedenen Materialien
- Kissenbezüge mit Bällen oder ähnlichen Dingen gefüllt
- Bälle (Leder, Plastik, Stoff, Gummi ...)
- Naturmatcrialien (Kastanien)
- Dicke Kugeln und Perlen
- Wasserschüssel
- Verschiedene Unterlagen (Fell, Decke, Kissen, Teppiche, Nackenrollen usw.)
- Greifringe aus verschiedenen Materialien, z.B. Holz, Kunststoff
- Stachel- und Noppenbälle (kann man für ein paar Mark in Sportgeschäften oder in Sanitärhäusern kaufen – sie stimulieren durch rauhe, stachelige Oberfläche den Tastsinn des Kindes)
- Stehaufmännchen usw.

❍ *Bewegungserfahrung* durch:

– „Ball-an-Schnur-Spiel"

Dazu benötigt man einen Wasserball und einen Bindfaden. Der Faden wird an den Ball geknotet, und der so entstandene „Hängeball" wird in Beinhöhe über den liegenden Säugling gehalten. Säuglinge empfinden großen Spaß dabei, mit den Beinchen nach dem Ball zu treten und zu strampeln. Zur Erleichterung kann man auch eine Hand unter den Po des Kindes legen.

– „Klimmzüge"

Dem Baby werden zwei Greifringe angeboten, für jedes Händchen einen. Greift es danach, läßt es sich ohne Mühe aus der Rückenlage zum Sitzen hochziehen. Beim Kind unter einem halben Jahr sollte der Erwachsene die Hände des Kindes zur Sicherheit umfassen. Später ist dieser Halt nicht mehr notwendig. Etwa ab dem 4. Lebensmonat hebt das Kind den Kopf beim Hochziehen mit an und übt damit die aktive Kopfhaltung. Dieses muntere Spiel ist für das Kind auch eine ganz neue Gleichgewichtserfahrung.

– Schellenbänder
Auf einen Stoffstreifen werden jeweils Glöckchen genäht. Diese Schellenbänder bindet man sanft um die kleinen Fußgelenke des Kindes. Durch Strampeln entstehen Glockentöne, die das Baby erfreuen und zu immer neuen Strampelbewegungen anregen. – Die genannten Beispiele schildern eine *aktive* Bewegungserfahrung![29]

❍ *Gleichgewichtserfahrung* durch:
– Rutschpartie auf dem Ball
Ein Wasser- oder ein kleiner Petziball (die geeignete Größe ist der orangefarbene Ball aus der Petzi-Serie) dient als Unterlage. Der Säugling wird bäuchlings auf den Ball gelegt und kann sich mit den Beinchen dabei vom Boden abstoßen (vgl. dazu auch das Kapitel Schaukelspiele!). Man hält ihn an Po und/oder Hüfte fest!

❍ *Seherfahrung* durch:
– durchsichtige Kugeln/Bälle mit Gegenständen darin
– Durchsichtige Kästchen, die kleine Kugeln oder ähnliches enthalten
– Mobiles zum Sehen und Nachschauen
– Gegenstände, die an Bändern hängen
– Seifenblasen zum Schauen und Greifen

❍ *Hörerfahrung* durch:
– Spielgegenstände mit Glöckchen
– Rasseln und Schellen
– Spieluhren
– menschliche Töne, Stimmen (summen, singen …)

❍ *Riecherfahrung* durch:
– Möglichst bei der Mutter/dem Vater sein – der Geruchssinn ist schon bei der Geburt sehr gut entwickelt, das Kind erkennt seine Bezugsperson am Eigengeruch.

❍ *Geschmackserfahrung* durch:
Saugreflex und Muttermilch – bereits direkt nach der Geburt

[29] *Passive* Bewegungserfahrung entsteht z.B. beim Gefahrenwerden in Kinderwagen, Bollerwagen o.ä., beim Getragenwerden in Tragetuch, Tragetasche … beim Geschaukeltwerden in Wiege, Schaukelstuhl, Hängematte …

Allerlei Spieldinge zum Schauen und Fühlen

Luftballonkette
Man spannt eine Schnur von Stuhl zu Stuhl oder von Tisch zu Tisch. Daran werden verschiedene Luftballons unterschiedlicher Farbe, Form und Größe befestigt. Besonders reizvoll ist es, Luftballons nur ganz wenig aufzupusten und mehrere zu einem Knäuel zusammenzubinden. In die sparsam aufgeblasenen Ballons kann das Baby so richtig hineinkneifen, und dabei macht es wichtige Greif- und Tasterfahrungen.

Gegen die größeren Luftballons tritt es vielleicht mit den Füßchen oder schlägt mit den Händchen danach.

Mobile aus Haushaltsdingen
Das Interesse der Kleinen an Haushaltsgegenständen ist groß. Schneebesen, Siebe, Löffel, Schwämme baumeln an einem Kuchengitter ...

Die Gegenstände regen zum Schauen und Greifen an. Auf Sicherheit ist dabei zu achten (farbecht, intakt, nicht zu klein usw.).

Erfahrungsspiel mit Seidentüchern (oder anderen Tüchern)
Verschiedene Seidentücher (oder andere Tücher, z.B. Baumwolle, Nylon, Mullwindeln usw.) werden über eine Leine gehängt. Die Babys werden so gelegt, daß sie die Tücher mit Händen, Füßen, dem Mund usw. erreichen können (sie können daran ziehen, danach treten, sie werden damit gestreichelt und gekitzelt).

Sicherheitsüberlegung: Keine flusenden Tücher verwenden!!!

Gerne spielen Kinder mit Seitenpapier

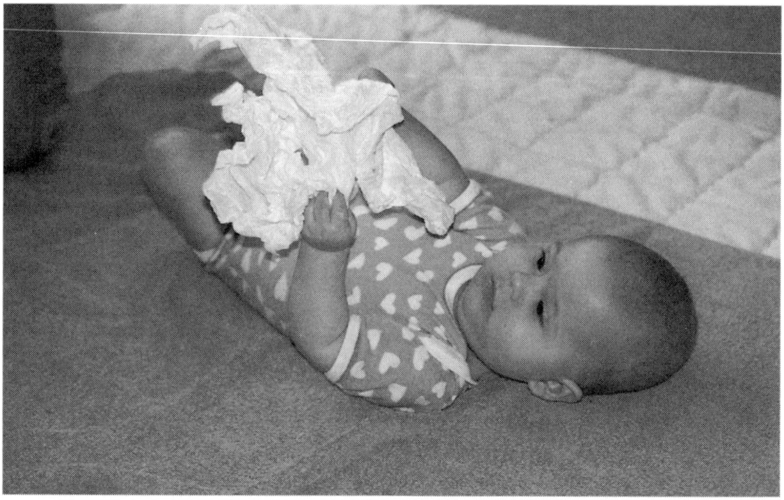

... und Bällen (z. B. einem Igel-Ball)

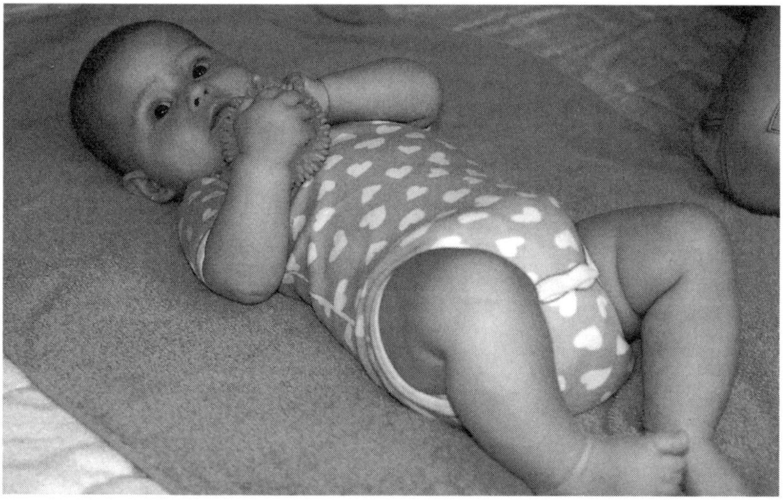

Literatur

zum Thema „Erfahrungsspiele für alle Sinne":
Austermann, Marianne/Wohlleben, Gesa, Zehn kleine Krabbelfinger. Spiel und Spaß mit unseren Kleinsten
München, 7. Auflage 1993

Scherler, K., Sensomotorische Entwicklung und materielle Erfahrung
Schorndorf 1975

2. 2. 5. Gespräche unter den Erwachsenen

Unserer Erfahrung nach sind in Baby-Gruppen bis zum ersten Lebensjahr folgende Gesprächs-Themen aktuell (nach den Aufzeichnungen einer Kursleiterin):

❍ *Zurückliegende Geburtserfahrungen*
– Verarbeitung der Geburt

❍ *Mutterrolle/Vaterrolle*
– Wie fühle ich mich als junge Mutter/junger Vater?
– Umgewöhnungsprobleme, Tagesablauf
– Beruf, Freizeit, veränderte Paarbeziehung
– Neue Identität

❍ *Kindliche Bedürfnisse*
– Individualität des Kindes (Beobachtung)
– Geborgenheit, Urvertrauen
– Körperkontakt

❍ *Schlafen*
– Schlaflage: Rücken- oder Bauchlage?
– Schlafen im Elternbett: ja oder nein?
– Schlafgewohnheiten (Durchschlafen, nächtliches Schreien)
– Schlafritual

❍ *Schnuller oder Daumen*
– Vor- und Nachteile

❍ *Tragetuch*
– Vor- und Nachteile des Körpertragens
– Demonstration des korrekten Umgangs mit dem Tragetuch

❍ *Stillprobleme/Abstillen*
– Was tun bei Stillproblemen (Verweis auf Stillgruppen, Stillberatung)?
– Wie schaffe ich es, eine Mahlzeit umzustellen?

❍ *Ernährung*
– Wie lange die Flasche geben?
– Gläschenkost oder selbst zubereitete Nahrung?
– Was koche ich (Rezepte für Kindernahrung)?
– Kindertees
– Säfte
– Ab wann welche Nahrungsmittel?

❍ *Verstopfung*
– Ursachen und Tips

❍ *Mütterberatungsstellen*
– Erfahrungsaustausch

❍ *Kinderärzte*
– Erfahrungsaustausch

❍ *Impfungen*
– Grundsätzlich ja oder nein, Vor- und Nachteile
– Welche Impfungen gibt es?
– Welche sind empfehlenswert?

❍ *Kinderkrankheiten*
– Welche treten im 1. Lebensjahr auf? – nur bei Bedarf thematisieren!

❍ *Hautprobleme*
– Mögliche Ursachen
– Pflegetips, Ernährungstips

❍ *Motorische Entwicklung*
– Reihenfolge der motorischen Entwicklungsstufen
– Individuelle Unterschiede in der Entwicklung
– Fehlverhalten der Eltern, z.B. ständiges Hinsetzen, Hinstellen, Laufen an der Hand trainieren, wenn das Kind noch gar nicht so weit ist

❍ *Laufstall*
– Vorteile/Nachteile

❍ *Kindersichere Wohnung*
– z.B. Steckdosen, Treppen- und Türgitter, Fenstersicherung

❍ *Autokindersitze*
– Welche gibt es (Firmen)?
– Vor- und Nachteile einzelner Sitze
– Testberichte vom ADAC

❍ *Kinderstühle*

❍ *Kinderschuhe*
– Ab wann?
– Worauf achten?

❍ *Spielsachen*
– Welches Babyspielzeug für welches Alter?

❍ *Kinderbücher*
– Ab wann?
– Welches Material?
– Auswahlkriterien für das 1. Lebensjahr
– Verhalten der Erwachsenen dem Kind gegenüber, wenn es Bücher betrachtet

❍ *Wie fühle ich mich in der Gruppe?*

Weiterführende Literatur zu den genannten Gesprächsinhalten

zum Thema „Geburt“:
Dix, Carol, Depressionen nach der Geburt. Hilfe für Mütter und Väter
Hamburg 1991

Odent, Michel, Die sanfte Geburt
München 1990

zum Thema „Mutterrolle/Vaterrolle“:
Bullinger, Hermann, Wenn Männer Väter werden
Hamburg 1983

Hoffmann, Bernhard, Vater-Werden. Situationen einer Hoffnung
München, 2. Auflage 1991

Scarr, Sandra, Wenn Mütter arbeiten. Wie Kind und Beruf sich verbinden lassen
München, 3. Auflage 1988

Schneider, Regine, Oh Baby – das hatte ich mir ganz anders vorgestellt. Erfahrungen von Frauen beim 1. Kind
München 1992

Sichtermann, Barbara. Leben mit einem Neugeborenen
Frankfurt 1982

zum Thema „Schlafen/Durchschlafen“:
Jones, Sandy, Schreiende Babys, schlaflose Nächte
Ravensburg, 6. Auflage 1992

zum Thema „Stillen“:
Kitzinger, Sheila, Ich stille mein Baby
München 1989

La Leche League (Hrsg.), Handbuch für stillende Mütter
(zu beziehen bei La Leche Liga Deutschland, Postfach 96, München)

Lothrop, Hannah, Das Stillbuch
München, 18. Auflage 1993

Messenger, Maire, Stillen
Ravensburg, 4. Auflage 1991

zum Thema „Ernährung“:
Hunter, Carol, Naturkost fürs Baby
Ravensburg, 5. Auflage 1991

zum Thema „Kinderkrankheiten“:
Goebel, Wolfgang/Glöckler, Michaela, Kindersprechstunde. Ein medizinisch-pädagogischer Ratgeber
Stuttgart, 10., erweiterte Auflage 1992

Stoppard, Miriam, Das große Buch der Kinderkrankheiten
Ravensburg, 9. Auflage 1992

Stumpf, Werner, So hilft Homöopathie bei Kinderkrankheiten
München, 2. Auflage 1990

2.2.6. Körperübungen für Erwachsene

Die in der ersten Kurszeit angebotenen Körperübungen für Erwachsene bieten die Möglichkeit:
- für die Mutter, die körperliche Rückbildung nach der Geburt zu unterstützen
- das Körperbewußtsein der Eltern zu vertiefen
- Entspannungsübungen kennenzulernen
- wenn das Baby in die Körperübungen einbezogen wird: die Einheit von Mutter und Kind/Vater und Kind zu erleben und zu genießen.

Was ist bei Rückbildungsgymnastik zu beachten?

Während des Geburtsvorganges wurde ein starker Druck auf die Beckenbodenmuskulatur ausgeübt, d.h. auf jene Muskelschicht, die das Fundament für alle inneren Organe des Bauches und des Beckens bildet. Deshalb sollte jede junge Mutter nach der Geburt darauf achten, zunächst die schlaffen und überdehnten Muskeln des Beckenbodens wieder zu festigen, bevor sie mit weitergehenden Körperübungen beginnt. Dabei ist das Anspannen wichtiger als das Entspannen, damit die Muskeln ihren ursprünglichen Tonus wiedererlangen.

Rückbildungsübungen können in Eltern-Kind-Gruppen während der Gruppenstunde angeboten werden. Dabei bezieht man die Babys entweder in die Körperübungen ein, oder sie liegen auf einer Decke oder in einer Tragetasche neben ihrer Mutter. Wenn Babys das Üben durch ihr Weinen stören, kann die Gruppenleiterin/der Gruppenleiter oder eine Mutter/ein Vater sich mit ihnen auf einen Petziball setzen und sanft auf und ab hüpfen. Das Hüpfen beruhigt die meisten Kinder in wenigen Minuten, da ihnen die Auf- und Abwärtsbewegung aus dem Mutterleib vertraut ist.

Ausgewählte Übungsbeispiele für die Mutter:

❍ Rückenlage: die Beine sind angewinkelt, die Füße hüftbreit aufgestellt. Beckenboden abwechselnd anspannen, Spannung halten, entspannen. Dabei normal weiteratmen (8x).

Zum Beckenboden gehören die Muskeln des Afters, der Scheide und der Blase!

❍ „Fahrstuhlübung“: Ausgangslage wie oben ... Beckenbodenmuskeln in 3 Etappen anspannen und anschließend wieder entspannen – wie bei einem Fahrstuhl, der 3 Stockwerke hinauf- und wieder hinabfährt und dabei in jeder Etage anhält (4x).

❍ Ausgangshaltung wie oben: Beckenboden anspannen, Arme hinter dem Kopf verschränken, mit dem Oberkörper hochkommen – dabei zeigt der rechte Ellenbogen zum linken Knie – kurz halten und wieder zurückkommen. Spannung im Beckenboden loslassen, Übung zur anderen Seite mit gespanntem Beckenboden wiederholen (diesmal zeigt der linke Ellenbogen zum rechten Knie) (6x).

❍ Gleiche Ausgangslage: Die gebeugten Beine übereinanderschlagen, Beckenboden anspannen, Knie fest gegeneinander pressen, Schultern und Hände dabei fest auf die Erde drücken, Spannung halten und wieder loslassen (6x).

❍ Rückenlage mit gestreckten Beinen: Füße übereinander schlagen (Fußaußenkanten berühren sich), Beckenboden anspannen, Schultern und Hände fest auf den Boden drücken, Spannung halten und wieder loslassen (6x).

Übungsbeispiele für Mutter und Kind:

❍ Die Mutter liegt auf dem Rücken, ihre Beine sind gebeugt, die Füße aufgestellt. Das Baby liegt auf ihren Oberschenkeln. Die Mutter spannt den Beckenboden ganz fest an und kommt langsam mit dem Oberkörper hoch ... Kurz die Spannung halten und wieder zurückgehen. Erst dann die Spannung im Beckenboden lösen.

Variation: Man kann die Übung auch ausführen, indem man seitlich hochkommt und die gestreckten Arme jeweils neben dem rechten bzw. linken Knie hält (besonders zum Training der seitlichen Bauchmuskeln).

Oder man kommt gerade hoch und führt mit gestreckten Armen über dem Baby langsam kreisende Armbewegungen aus. Dabei die Spannung im Beckenboden unbedingt halten!

Neben der Festigung des Beckenbodens wird in dieser Haltung auch die Wirbelsäule entlastet. Klassische Übung gegen Rückenbeschwerden!

❍ Das Baby liegt auf Oberschenkeln und Bauch des Erwachsenen. Dieser hebt das Gesäß und Becken ein wenig vom Boden ab. Dabei ist der Beckenboden wieder angespannt. Man kann auch hin und her, auf und nieder schaukeln. Dabei das Kind gut beobachten, damit es nicht seitlich herunterrutscht. Diese Haltung ist auch als Partnerübung geeignet, wobei der Partner das Kind festhält und somit die Frau das Becken ganz hoch heben kann.

Die Übung trainiert nicht nur den Beckenboden, sondern auch Bauch, Hüften und Po.

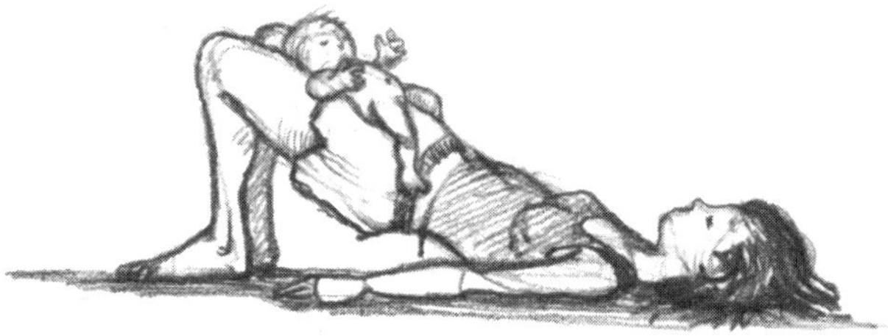

❍ Kniestandschaukel: Der Erwachsene nimmt den Kniestand ein. Er hält das Kind vor der Brust und geht mit geradem Rücken leicht nach hinten und wieder zurück. Es entsteht eine wiegende Bewegung, die den Gleichgewichtssinn des Kindes stimuliert und beruhigend wirkt. Gleichzeitig werden die Oberschenkel des Erwachsenen trainiert. Vorsicht bei Knieproblemen!

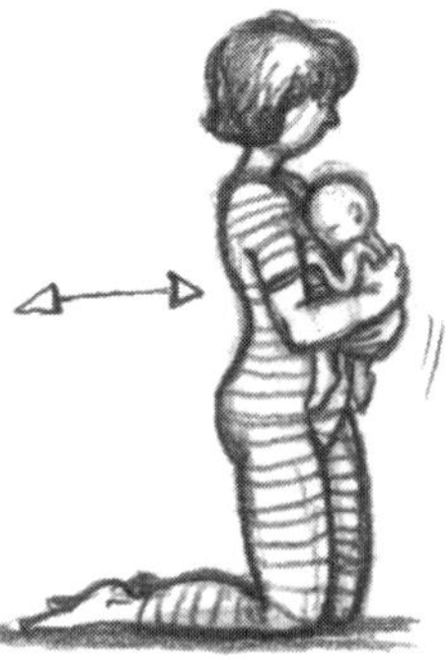

❍ Wiegehaltung: Der Erwachsene sitzt im Schneidersitz auf der Erde …

Oder er wählt folgende Haltung: Die Füße liegen hintereinander, so daß die Knie fast den Boden erreichen. Das Baby liegt in der Mulde zwischen den Beinen … Der Erwachsene schaukelt nun von einer Gesäßhälfte auf die andere. Babys lieben wiegende Bewegungen.
Der Erwachsene trainiert dabei Hüften und Gesäß.

❍ Der Erwachsene sitzt mit gestreckten Beinen auf dem Boden. Er legt das Kind bäuchlings über seine Oberschenkel. Bei kleinen Babys kann man zur Unterstützung der Kopfhaltung den eigenen Unterarm unter die Brust des Kindes legen … Der Erwachsene schaukelt wieder von einer Gesäßhälfte auf die andere. Dabei sollte sein Rücken gerade und die Wirbelsäule noch oben gedehnt sein.

Variation: Man kann das Kind auch über die Unterschenkel legen!

❍ Die Mutter liegt auf dem Rücken. Sie hebt die gebeugten Beine in die Luft und legt das Kind auf ihre Unterschenkel. Sie spannt nun ihren Beckenboden ganz fest an und kommt mit dem Kopf bzw. auch mit den Schultern ein Stück vom Boden hoch. Die Spannung sollte kurz gehalten werden. Dabei muß die Atmung natürlich weiterlaufen. Danach geht die Mutter in die Ausgangslage zurück und entspannt erst dann den Beckenboden wieder.

❍ Ausgangslage wie bei der Übung zuvor. Diesmal liegt das Kind jedoch bäuchlings auf nur einem gebeugten Bein des Erwachsenen, während das andere Bein gestreckt am Boden liegt. Bei dieser Übung sollte die Mutter den unteren Teil ihrer Wirbelsäule ganz fest auf den Boden drücken und dabei wieder den Beckenboden anspannen. Diese Haltung entlastet die Bandscheiben im Bereich der Lendenwirbelsäule. Anschließend Beinwechsel!

❍ Im Stand: Der Erwachsene lehnt dabei am besten an einer Wand. Er beugt ein Bein und führt dieses ein Stück in die Luft. Dabei ist der Oberschenkel parallel zur Erde. Er setzt das Baby auf seinen Oberschenkel, das Gesicht des Kindes zu ihm gewandt – und schaukelt mit dem Bein vorsichtig auf und ab. Diese Übung sollte man jedoch nicht mit ganz kleinen Babys ausführen. Das Kind muß schon ansatzweise sitzen und den Kopf eine Weile halten können. Wenn das Baby schon zu schwer ist – und bei Knieproblemen des Erwachsenen – ist Vorsicht geboten! Diese Haltung festigt die Oberschenkelmuskulatur.

❍ Atem- und Entspannungsübung: Der Erwachsene liegt in Rückenlage auf der Erde. Das Baby ruht auf seinem Bauch. Bei dieser Übung kommt es darauf an, sich auf den eigenen Atemrhythmus und auf den Atemrhythmus des Kindes zu konzentrieren. Der Erwachsene sollte dabei bewußt seinen ganzen Körper entspannen (auch das Gesicht) und sich vorstellen: „Der Körper wird von der Erde getragen“ oder: „Der Körper sinkt in die Erde hinein ...“

Konzentrations- und Gleichgewichtsübungen

(für die Konzentrations- und Entspannungsfähigkeit der Mutter/des Vaters, Gleichgewichtssinn, Körperbewußtsein ..., Beruhigung des Kindes)

1. Standschaukel (von rechts nach links)
Das Kind vor der Brust: abwechselnd vom rechten auf das linke Bein schaukeln ...

2. Standschaukel (vor und zurück)
Abwechselnd vor und zurück schaukeln (Fersen bleiben am Boden)

3. Becken kreisen (Oberkörper ruhig), Oberkörper drehen (Becken bleibt am Platz)
einmal nach rechts, einmal nach links hinten blicken
(eventuell Kind auf verschränkte Arme legen und wiegen)

4. Zehenspitzenstand mit gleichzeitigem Heben des Kindes
Der Erwachsene atmet beim Zehenstand natürlich weiter (nicht Atemanhalten!) Er bleibt nur so lange oben, wie er das Gleichgewicht halten kann ... (wiederholen!)

5. Drehen wie ein Kreisel
Der Erwachsene dreht sich mit dem Kind sanft im Kreise.

Ein Mutter-Kind-Bewegungsspiel:
Die Mutter hält das Kind auf dem Arm und dreht sich mit ihm – 'mal langsam, 'mal schnell. Da kommt auch die Mutter ganz schön ins Schwitzen. Den meisten Babys bereitet das Drehen großen Spaß.

Wenn das Kind die Drehbewegung nicht mag, wird die Mutter ein anderes Spiel anbieten oder eine Pause einlegen.

Verspannt oder gestreßt vom Baby?

1. Zurück zur eigenen Mitte. Wenn das Baby gerade schläft oder mit sich allein beschäftigt ist, kann die Mutter diese Entspannungsposition einnehmen ...[30]

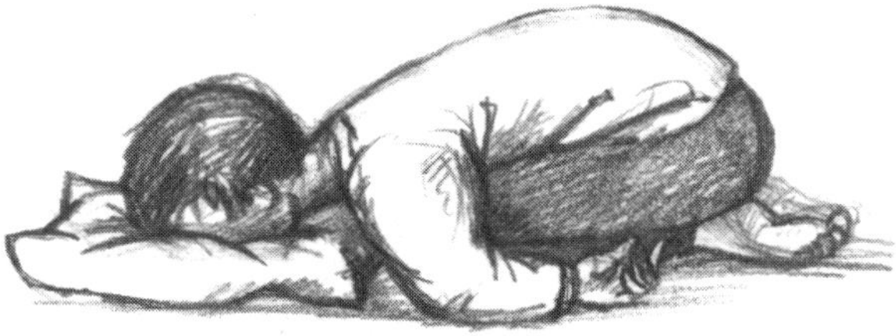

2. Mütter, die ihre Kinder viel tragen, haben oftmals Verspannungen im Schulterbereich und im Rücken. Die *oben dargestellte Übung* lockert verspannte Schultern und dehnt sowohl den oberen als auch den unteren Rücken: Hände auf dem Rücken falten, vorbeugen, Stirn strebt zum Boden, die Arme werden senkrecht in die Luft genommen ...[31]

[30] Bei dieser Übung handelt es sich um eine Yoga-Haltung, die auch als „zusammengerolltes Blatt" bezeichnet wird. Dabei sollte sich die Mutter besonders auf die Stirnmitte konzentrieren und Arme und Schultern bewußt ganz locker lassen.

[31] Auch diese Haltung entstammt dem Yoga. Sie gleicht sowohl das Hohlkreuz als auch den Rundrücken gleichzeitig aus.
Beide Übungen wurden von der Verfasserin in Gruppen ausprobiert und entstammen einer langjährigen Erfahrung als Yoga-Lehrerin der Deutschen Yoga-Gesellschaft.

2.3. *Das Sitz-, Krabbel- und Laufkind (ca. 6 Monate bis ca. 1 Jahr)*

Eine fröhliche Spielrunde: in der Bauchlage sieht die Welt ganz anders aus als auf dem Rücken ...

2.3.1. Körperkontakt (vgl. auch Kap. 2.2.)

2.3.2. Verschiedene Erfahrungsorte und Spielflächen („Bewegungslandschaften")

„Die wesentlichen Ergebnisse der motorischen Entwicklung im 1. Lebensjahr sind das Erreichen der aufrechten Haltung, der Erwerb der Ortsveränderungen in verschiedenen Formen und vielfach schon die ersten freien Schritte und die Ausbildung der Arme und Beine als Greiforgane. Im Vordergrund steht die motorische Entwicklung, wobei die Arme den Beinen immer eine Entwicklungsstufe voraus sind."[32]

Die wichtigste Phase auf dem Weg der Laufentwicklung ist das Erlernen der Drehbewegung vom Rücken auf den Bauch. Sie ist Voraussetzung für das Krabbeln und Sitzen. „Durch Krabbeln und Kriechen von einem Ort zum anderen lernt das Kind die physikalische Struktur des Raumes kennen, und das hilft ihm, besser zu verstehen, was es sieht."[33]

[32] Praxis der Psychomotorik, Heft 1, Dortmund 1986, S. 4.
[33] Ayres, a.a.O., S. 28.

Etwa ab dem 10. Monat richtet sich das Kind an Möbeln auf. So entstehen die ersten wackeligen seitlichen Gehschritte. Es bewegt sich von Gegenstand zu Gegenstand. Der erste freie Schritt wird im allgemeinen vor dem 1. Lebensjahr getan. Hier sind allerdings individuelle Unterschiede bei den einzelnen Kindern zu beachten.

„Damit sich ein Kleinkind in seiner Gesamtpersönlichkeit optimal entfalten kann, braucht es entsprechenden Bewegungsraum. Zum zweiten muß dieser Raum mit entwicklungsanregendem Material, mit Objekten verschiedener Art, ausgestattet sein, an denen und mit denen sich das Kind und seine grobmotorische und feinmotorische Handlungskompetenz spielerisch-experimentell üben und auseinandersetzen kann."[34]

Bewegungsbaustelle oder Bewegungslandschaft:

❍ „Boden aus hautfreundlichen und weichen Textilien mit einzelnen taktilen Erfahrungsbereichen für andere Berührungsqualitäten (Schaumstoff, Sandpapier)
❍ Bodenwellen aus festem und weichem Material, verbunden mit geringen Steigerungen und Stufen
❍ Hängematten ..."[35]

Als Ergebnis eines Forschungsprojektes (Wasmund-Bodenstedt 1983) wurde u.a. registriert, für welche Materialeigenschaften Kinder eine Vorliebe zeigen: z.B. hell–dunkel, hoch–tief, oben–unten, steigend–fallend, groß–klein, gerade–winkelig oder stetig–stufenhaft.

Kinder lieben:
- wechselnd glatte und griffige Flächen
- wechselnd weiche und harte Flächen
- wellige und hügelige Flächen
- Vertiefungen, Dellen, Ausnehmungen, Mulden
- Erhöhungen, Wulste, Biegungen
- schiefe Ebenen, Ecken, Kanten, Stufen
- Wände, Mauern, Geländer, Zäune.[36]

Die nachfolgenden Empfehlungen von Kiphard, wie man denn nun eine ansprechende und kindgerechte Bewegungswelt schafft, habe ich entsprechend den Gegebenheiten in Eltern-Kind-Gruppen überarbeitet. Die Abweichung von der Auflistung Kiphards ist jedoch nur geringfügig:

[34] Kiphard, Ernst, Psychomotorik in Praxis und Theorie, Gütersloh 1989, S. 36.
[35] Vgl. Ehni/Kretschmer u.a., in: Kiphard, a.a.O. S. 37.
[36] Vgl. Wasmund-Bodenstedt, in: Kiphard, a.a.O. S. 37.

Demnach sollten Eltern:

❍ „Für genügend Bewegungsraum sorgen

❍ dem Kind ausreichend Zeit lassen

❍ genügend anregende Materialien zur Verfügung stellen

❍ Bewegungslandschaften häufig verändern

❍ Für lockere, nicht beengende Kleidung sorgen: in Babygruppen sind die Kinder in der Regel nackt oder allenfalls mit einer Windel bekleidet

❍ das Kind ungestört tätig sein lassen

❍ sich nicht dauernd mit ihm beschäftigen

❍ dem Kind möglichst nicht helfen (z.B. ihm nicht zeigen, wie es ein Hindernis überwinden könnte)

❍ es nicht zu Unternehmungen und Versuchen ermuntern: „Los komm, jetzt krabbel mal da hin!“

❍ es nicht verunsichern oder verängstigen: „Paß auf, du fällst gleich.“ Das Kind ist von Natur aus vorsichtig und ahnt im allgemeinen seine Grenzen!

❍ das Kind nicht auffordern, etwas zu zeigen oder vorzuführen. Vermeiden von Äußerungen wie: „Jetzt zeig' uns mal, was du schon kannst!“

❍ es auch nicht nach vollbrachter Leistung loben, denn die Bewegung selbst macht dem Kind Freude, das erreichte Ziel ist Lob genug. Ausnahme: gehemmte, passive Kinder sollten gelegentlich für ihre Bewegungsaktivitäten gelobt werden.“[37]

Für eine ungestörte gesunde Entwicklung braucht das Kind Bewegungs-Freiräume. Diese Räume und Landschaften zu schaffen und dem Kind eine ihm gemäße Welterschließung zu ermöglichen, sind Aufgaben der Erwachsenen. GruppenleiterInnen sollten bei den Eltern das Bewußtsein wecken, wie wichtig es ist, daß sich Kinder eigenverantwortlich mit motorischen Umweltsituationen auseinandersetzen. Oftmals tun die Erwachsenen nämlich zu viel des Guten, allerdings meist in „bester Absicht“. Gängelungen und Einschränkungen aus falsch verstandenem elterlichen Ehrgeiz, der darauf zielt, das Kind möglichst schnell vorwärtszubringen, führen oftmals zu einer totalen Abhängigkeit und Hilflosigkeit des Kindes, selbst wenn das Kind äußerlich tatsächlich ein bestimmtes Verhalten mit Hilfe der Eltern trainiert und erlernt hat.

Solche Kinder entwickeln kein Vertrauen in ihre Fähigkeiten. Sie erfahren zu selten das Gefühl des Stolzes und der Befriedigung über eine selbst erbrachte Leistung.

[37] Vgl. Kiphard, a.a.O., S. 38.

Bewegungslandschaften im Raum können mit den Eltern gemeinsam erdacht und gestaltet werden, z.B.:
❍ Treppen aus Schaumstoffwürfeln oder Quadraten
❍ Bodenwellen aus Matten, unter denen Kissen und ähnliches liegen
❍ Krabbeltunnel
❍ Große Waschmitteltonnen
❍ Kriechtunnel aus Tischen oder Stühlen
❍ Pappkartons zum Hochziehen und Festhalten
❍ Kleine schiefe Ebene aus Brettern
❍ Spielmulde aus Autoreifen (eventuell mit Bällen füllen)
❍ Inseln aus verschiedenen Teppichboden-Fliesen
❍ Verschiedene Kissen (z.T. mit verschiedenen Füllungen)
❍ Badewannen leer oder gefüllt
❍ Verschiedene Bälle
❍ Gymnastikmatten, auf denen Kinder durch den Raum gezogen werden
❍ Rollwagen zum Draufsitzen
❍ Aufblasbare Plantschbecken
❍ Große Schwimmtiere als Krabbelhindernis
❍ Schaumstoffartikel (Würfel, Keile ...)
❍ Luftballons
❍ Decken und Stofflaken

Bewegungslandschaften für Krabbel- und Laufkinder: 4 Baupläne

Die Landschaft enthält sichtbar oder versteckt auch interessante Spielzeuge!

A: Tisch mit Decke, Keil und Matte, Bodenwellen

B: Teppichfliesen, Rampe, Rolle, Kissen oder Podeste

C: Haus aus Karton, weitere Pappkartons, Kriechtunnel aus Stühlen, Schaumgummiblöcke, Autoreifen mit Bällen, Wäschekorb zum Ziehen

D: Krabbelrolle, Matte, Kissenlandschaft, Luftmatratze, teilweise aufgerollter Badezimmerläufer

A

B

C

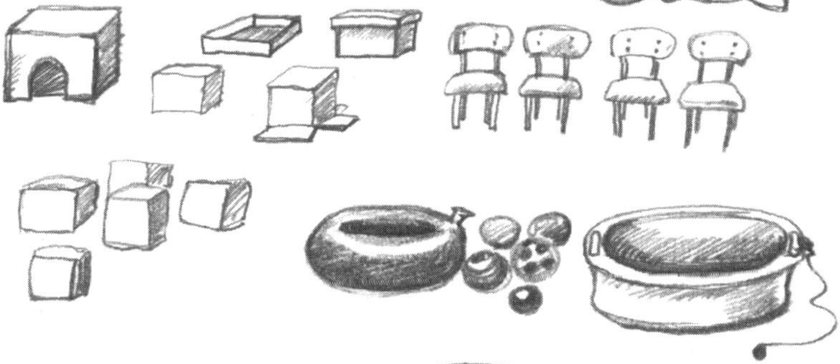

D

Erfahrungsort
Wasserbecken

… da kommen sich die Kleinen näher und nehmen Kontakt auf.

2.3.3. Gegenstände, Behälter, Materialien, die zum Umgang auffordern und neue Umwelterfahrungen zulassen

Während sich die optimale Entwicklung der Grobmotorik in einem möglichst weiten räumlichen Bewegungsfeld entwickelt, ist für die optimale Entwicklung der manuellen Feinmotorik eher ein begrenztes Umfeld angemessen. Somit sollten Weite einerseits und Raumbegrenzung andererseits im Wechsel angeboten werden.

Die Feinmotorik des Krabbelkindes ist z.B. so weit entwickelt, daß es gezielt in einen Behälter hineingreift, in dem ein andersfarbiger Gegenstand liegt. Um den 10. Monat erlernt das Kind den Pinzettengriff (kleine Gegenstände mit gestreckten Fingern aufnehmen). Es kann auch an einem Faden ziehen oder seinen Zeigefinger in ein Loch stecken.

Das Kind beginnt jetzt auch, Handbewegungen zu planen (z.B. einfache Dinge zusammenstecken). Das Kind hält nun auch nach Gegenständen Ausschau, die bedeckt wurden. Das Kind lernt, daß die Gegenstände noch vorhanden sind, auch wenn es sie nicht mehr sehen kann.

Eltern könnten in der Gruppe

- ❍ Materialien sammeln, die das Kind interessieren könnten
- ❍ die Kinder im Umgang mit den Materialien beobachten
- ❍ nicht leichtfertig dem Kind Hilfe anbieten (wenn das Baby selbständig etwas geschafft hat, freut es sich).

Hier einige Vorschläge:

- ❍ Pinzettengriff: Kleine Brötchenkümmel oder Rosinen hinlegen – die Kinder werden versuchen, sie aufzunehmen
- ❍ Dosen, Plastikflaschen (Gegenstände hineinfüllen oder ausleeren)
- ❍ Schlitze in Dosen oder Kartons schneiden, Kugeln oder Bälle oder geometrische Formen hineinstecken
- ❍ Verschiedene Nudeln zum Tasten und Greifen (auch in Dosen stecken)
- ❍ Joghurtbecher verschiedener Größe ineinander stecken, füllen ...
- ❍ einfache Knetteige zum Experimentieren
- ❍ Papier und Watte zum Fühlen, Reißen ...
- ❍ Naturmaterialien (Sand, Kastanien, Blätter, Muscheln)
- ❍ Eimer, Dosen zum Draufschlagen, z.B. mit einem Löffel
- ❍ Toilettenpapierrollen oder leere Küchenrollen
- ❍ Spiegel (an der Wand oder frei im Raum), in denen sich das Kind betrachtet
- ❍ Wasserspiele (Schüsseln, Eimer, Plantschbecken). Plantschbecken können auch mit Kastanien, Blättern, Bällen, Sand etc. gefüllt werden

- dicke Perlen und Knöpfe – am besten zu einer Kette zusammenfügen
- Bausteine (eventuell aus unterschiedlichen Materialien) – auch riesengroß
- Ziehtiere
- Wurfpuppen
- Seifenblasen
- Stoff- und Lederreste
- Tastsäckchen

Angebote für die Feinmotorik

- Waschmittelboxen oder leere Kaffeedosen etc.
- Kiste
- Behälter als Einfülldosen für Gegenstände (Bälle, Kugeln, Bausteine) – mit der Schere geometrische Formen ausschneiden!
- Becher und Eimer in verschiedenen Größen
- Joghurtbecher mit Perlen
- Plastikflasche mit Perlen oder Erbsen etc.
- Tastwürfel aus Styropor mit Stoffen beklebt
- Tasttäfelchen mit verschiedenen Materialien
- verschiedene Nudelsorten
- Kette aus Kastanien
- große Knöpfe
- Kette aus Kugeln/Perlen

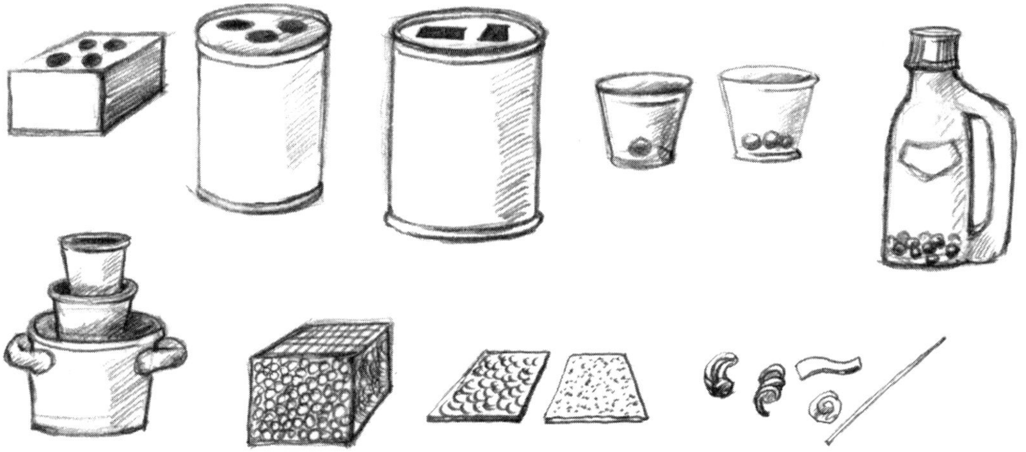

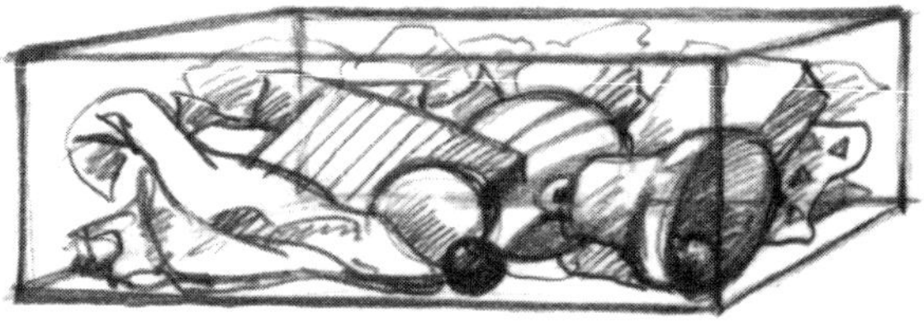

Sehen, Tasten, Hören ...

Guck-Kästchen

Dazu benötigt man leere Konfekt-Schachteln. Die Schachteln sind aus relativ stabilem, durchsichtigem Kunststoff. Sie werden mit unterschiedlichen Materialien gefüllt: z.B. mit glänzenden, effektvollen Stoffresten, Papierkügelchen, Handtaschenspiegeln, Papierschnipseln, kleinen Bällen, Kugeln, Glöckchen, Holzstückchen usw. Die Kästchen müssen mit durchsichtigem Klebeband mehrfach fest verschlossen werden (der aufklappbare Deckel wird an den Seiten und vorn zugeklebt!).

Durch bloßes Betrachten oder auch Hin-und-Her-Bewegen oder Schütteln sind viele Kinder zu begeistern.

Fühl-Schlange

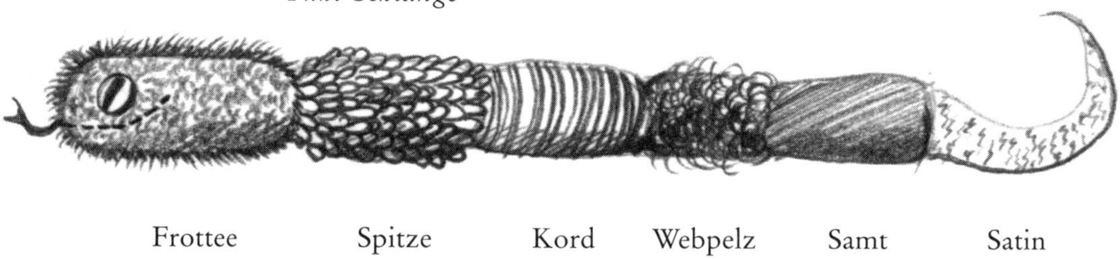

Aus verschiedenen Stoffen wird ein langer Schlauch genäht. Den Schlauch füllt man mit Füll-Watte (Bastelgeschäft!). Als Auge dient ein großer Knopf. Der Mund wird aufgestickt. Zunge und Schwanz werden gesondert genäht. Die Fühl-Schlange ist ein interessantes Fühl- und Spiel-Erlebnis für kleine Kinder.

zunähen

Tastsäckchen aus Waschhandschuhen
Waschhandschuhe mit unterschiedlichen Materialien füllen: z.B. mit Murmeln, Sand, Papier, Erbsen, Knetgummi, Watte usw. … Am oberen Ende wird der Waschhandschuh zugenäht.

Neben der Tasterfahrung bieten die Säckchen auch unterschiedliche Hör-Erlebnisse, z.B., wenn man sie mit Murmeln, Glöckchen usw. füllt.

Geräuschdosen

Kaffeedosen, Dosen zum Aufbewahren von Lebensmitteln, Filmrollen u. ä. werden zu Geräusch- und Klangdosen. Farblich ansprechend gestaltet und vor allem fest verschlossen, bereiten sie den Kleinen viel Freude.

– Geräuschdosen lassen sich auch aus Joghurtbechern ganz leicht herstellen, z.B., indem man einen Becher mit Erbsen oder Perlen füllt und mit Pergamentpapier und Gummiband bzw. Klebeband ganz fest verschließt. Diese Version einer Geräuschdose ist allerdings nicht ganz so haltbar wie die oben beschriebenen Klangdosen.
– Auch gefüllte Luftballons (vor dem Aufblasen Erbsen u. ä. hineinfüllen) erzeugen beim Spielen zarte Geräusche!

Kugelbahn aus Drainage-Schlauch:
Drainage-Schläuche sind preisgünstig in Baumärkten zu bekommen. Die Öffnungen sind allerdings scharfkantig und müssen bei kleinen Kindern mit Isolierband umklebt werden. Wenn das Kind einen Tennisball durch die obere Öffnung in den Schlauch fallen läßt, springt dieser in hohem Bogen durch die untere Öffnung hinaus.

Drainage-Schlauch
Tennisball

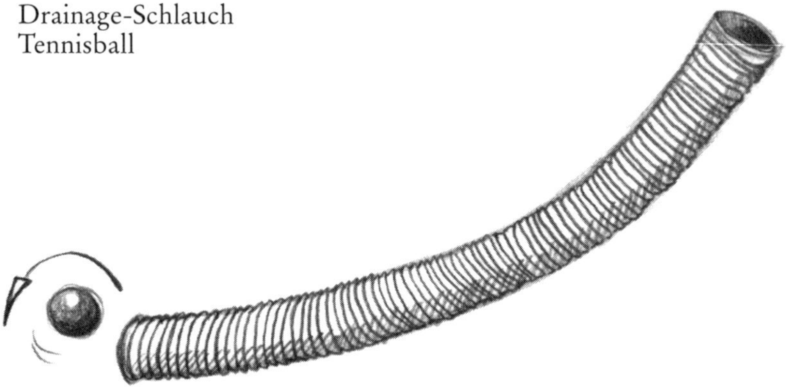

Der Schlauch wird mit einem Band an einer Schranktür, an einem Stuhl o.ä. befestigt …

Man kann auch den Drainageschlauch unter einen Autoreifen klemmen.

2.3.4. Kniereiter und erste Fingerspiele

Besonders Kniereiterspiele entsprechen dem Bedürfnis des Kindes nach Rhythmus und Bewegung. Sie sprechen sowohl den schon früh entwickelten Bewegungs- als auch den Gleichgewichtssinn an. Sie haben ähnlich wie die Fingerspiele eine weit reichende Tradition.

„Klassische" Spiele, die fast jeder aus der eigenen Kindheit kennt:

„Hoppe Reiter"
Hoppe, hoppe Reiter,
wenn er fällt, dann schreit er.
Fällt er in den Graben,
dann fressen ihn die Raaben.
Fällt er in den Sumpf,
dann macht der Reiter plumps!

„Hopp, hopp, hopp"
Hopp, hopp, hopp,
Pferdchen, lauf' Galopp.
Über Stock und über Steine,
aber brich' dir nicht die Beine.
Hopp, hopp, hopp,
Pferdchen, lauf' Galopp.

(überliefert)

2.3.5. Gespräche unter den Erwachsenen

Themen weiterhin wie in Kapitel 2.2 aufgeführt!
Zusätzlich besonders am Ende des 1. Lebensjahres:
- ❍ Wie gehe ich mit dem zunehmenden Autonomiestreben des Kindes um (herumkrabbeln, laufen, Schubladen aufreißen, Sachen herunterreißen ...)?
- ❍ Gebote, Verbote
- ❍ Was ist von sogenannten Lauflernhilfen zu halten (z.B. „Gehfrei" usw.)?
- ❍ Bewegungsbedürfnis und Wohnung/Wohnumfeld
- ❍ Wann beginne ich mit der sog. Sauberkeitserziehung? (Meinungen von Ärzten und Psychologen; wer hat Erfahrungen mit Geschwisterkindern? Problematik bei zu frühem Abnehmen der Windel; wann sollte die Nachtwindel abgenommen werden? Das Töpfchen usw.)
- ❍ schon jetzt: eventuell Voranmeldung für den Kindergarten (Vorentscheidung: Welcher Kindergarten?)

Literatur *zum Thema „Bewegung/Psychomotorik":*

Ehni, H./Kretschmer, J., u.a., Kinderwelt: Bewegungswelt
Seelze 1982

Kiphard J. Ernst, Motopädagogik im Krippenalter, in: Psychomotorik in Praxis und Theorie
Gütersloh 1989

Miedzinski, K., Die Bewegungsbaustelle. Kinder bauen ihre Bewegungsanlässe selbst.
Dortmund 1983

Moog, W./Moog, E. S., Die entwicklungspsychologische Bedeutung von Umweltbedingungen im Säuglings- und Kleinkindalter
Berlin 1976

Pikler, E., Laß mir Zeit. Die selbständige Bewegungsentwicklung bis zum freien Gehen
München 1988

Scheid, V., Frühkindliche Motorik
Filmbegleitheft zu Videoproduktion von Rieder u.a.
Fritzlar 1986

Scheid, V./Prohl, R., Die Entwicklung der frühkindlichen Motorik. Ein Gemeinschaftsprojekt, in: Praxis der Psychomotorik, 4, S. 158–162
Darmstadt 1986

Schüddekopf, I., Bewegungserziehung mit Säuglingen und Kleinstkindern
in: Praxis der Psychomotorik, Dortmund 1985, 2, S. 49–51

Zimmer, Renate, Wahrnehmung und Bewegung. Die Grundlage kindlichen Handelns
in: Wissenschaft und Praxis im Dialog 1991 (Wehrfritz Wissenschaftlicher Dienst)

zum Thema „Kniereiter- und erste Fingerspiele“:
Austermann, Marianne/Wohlleben, Gesa, Zehn kleine Krabbelfinger. Spiel und Spaß mit unseren Kleinen
München 1993

2.4. Kinder vom 1. bis 2. Lebensjahr

2.4.1. Körperbezogene Spiele/Psychomotorik

Innerhalb des 2. Lebensjahres lernt das Kind jetzt das Gehen, das Sprechen und die Planung und Durchführung umfassender Tätigkeiten.

Die Fähigkeit zur Bewegungsplanung hängt von der Exaktheit der kindlichen Tastempfindlichkeit ab.

Vom 2. Lebensjahr an kann ein kleines Kind in etwa sagen, an welcher Stelle seines Körpers es berührt worden ist und kann seine Reaktionen mit seinem Willen in eine bestimmte Richtung lenken. Sein Haut-Erleben ermöglicht es ihm, zu begreifen, wo sein Körper beginnt, und wo er aufhört. Diese gefühlsmäßige Bewußtheit im Erleben des eigenen Körpers ist eine fundamentale Erfahrung. Im 2. Lebensjahr experimentiert das Kind mit unterschiedlichsten Bewegungsvarianten. Wie in den nachfolgend zusammengestellten psychomotorischen Spielanregungen praktisch erläutert, liebt das Kind in diesem Alter Aktivitäten wie: Auf- und Absteigen, Kletteraktionen, in Dinge hineinsteigen, Ein- und Ausräumen, Aufheben und Wegwerfen, Ziehen an Gegenständen oder Treppensteigen. Dieser neue Tatendrang stellt die Eltern manchmal vor völlig neue Erziehungsaufgaben und -probleme.

Das Kind braucht jedoch die Auseinandersetzung mit der materiellen Umwelt ebenso wie Zuwendung und physische Nähe.

Das Kind im 2. Lebensjahr erfreut sich an Aktivitäten wie Schaukeln, Flugzeugspielen an den Armen des Erwachsenen, Reiten auf dem Rücken der Eltern oder Karusselldrehen dicht an Papas oder Mamas Körper. All diese Spiele vermitteln dem Kind sinnliche Erfahrungen. Es erlebt darüber hinaus auch die Einwirkungen der Schwerkraft (Gleichgewichtssinn).

Das Kind beginnt nun auch ein Körperschema zu entwickeln, d.h. ein inneres Vorstellungsbild über seinen Körper. Durch Bewegungserfahrungen werden Informationen (Bits) im Gehirn gespeichert, die das Kind später für Planungs- und Steuerungsprozesse bei Körperbewegungen braucht.

Vielen Eltern ist das Klettern ihrer Kinder Anlaß zu einem ängstlichen: „Paß auf, du fällst gleich!" Das Klettern ist jedoch wichtig, denn es erfordert nicht nur sensomotorische Intelligenz, sondern wird auch zu einem Meilenstein in Richtung „visuelle Raumwahrnehmung".

Im 2. Lebensjahr erwirbt das Kind schon ein großes Stück Selbstwertgefühl, denn es lernt und entwickelt viele neue Möglichkeiten: Es kann nun stehen, laufen, springen, klettern, Aufforderungen verstehen und viele Dinge bereits benennen.

Eine große Anzahl von Kindern benutzt schon das Wort „nein", um die neue Selbständigkeit und Unabhängigkeit zum Ausdruck zu bringen.

Außerdem stellen sich in diesem Alter die ersten Fragen nach „Sauberkeitserziehung" bzw. „Reinlichkeitsgewöhnung", die nach psychoanalytischer Theorie nicht zu früh und nicht zu streng gehandhabt werden sollte (Problematik bei den Eltern thematisieren).

❍ *Körperbezogene Spiele mit der Mutter/dem Vater*
Angenehme Körperempfindungen wie schaukeln und schmusen fördern die Integration der Sinneswahrnehmungen und helfen dem Kind, sich zu organisieren.

Hier einige Vorschläge für Spiele zwischen Mutter/Vater und Kind:

❍ *Kniereiterspiele* (vgl. Babyalter)

❍ *Schaukelspiele*
Ein Erwachsener hält das Kind unter den Armen und einer an den Füßen, und sie schaukeln es hin und her. Uhrenspiel: Große Uhren machen tick, tack ... dazu das Kind auf den Schoß setzen oder auf ein Polsterkissen bzw. einen Petziball; es können sich auch Mutter und Kind auf den Ball setzen.

❍ *Klammeraffe*
Das Kind steht mit dem Rücken zum Erwachsenen – der Erwachsene faßt unter die gebeugten Knie ... Das Kind umklammert die Arme

des Erwachsenen ... Nun schaukelt der Affe zwischen den Beinen, oder er wird im Kreis geschleudert.

❍ *Karussell*
Man faßt das Kind von hinten unter den Achseln und verschränkt die Hände vor der Brust des Kindes und dreht sich im Kreis herum.

❍ *Schaukelbaum*
Kind an den ausgestreckten Armen des Erwachsenen schaukeln lassen.

❍ *Flugzeug*
Das Flugzeug startet langsam, fliegt immer schneller, bis alle Leute aussteigen ... Man hält das Kind an einem Arm und einem Bein – oder: Kind verschränkt die Hände im Nacken des Erwachsene, dieser hält es in der Taille und dreht sich im Kreis – dazu der Spruch:

Kommt ein Flugzeug angeflogen
hoch, ganz hoch, im hohen Bogen.
Senkt sich auf die Erde nieder,
kreist dann einmal hin und wieder,
rollt dann auf der Rollbahn aus,
und die Leute geh'n nach Haus.

❍ Der Erwachsene krabbelt auf allen Vieren, das Kind sitzt auf seinem Rücken, oder es liegt auf ihm und klammert sich fest. Oder: Das Kind klammert am Rücken des aufrechten Erwachsenen, der es mit den Händen am Po abstützt. Oder: Es sitzt auf seinen Schultern. Dazu kann man Verse oder Lieder singen.

❍ *Zehenlaufen*
Das Kind stellt sich auf die Füße des Erwachsenen. Beide versuchen miteinander zu gehen.

❍ Der Erwachsene liegt mit dem Rücken auf dem Boden und streckt die Beine angewinkelt in die Luft. Das Kind legt sich mit seinem Bauch auf die Schienbeine bzw. auf die Fußsohlen des Erwachsenen. Dann wird es hochgestemmt.

❍ *Brücke*
Erwachsene grätschen die Beine, Kinder krabbeln hindurch (es könnten auch mehrere Erwachsene eine Brücke bilden).

❍ Wer kommt in meine Arme? (Kind läuft auf den Erwachsenen zu, wird hochgenommen und hoch gewirbelt)

❍ Körperbezogene Spiele können auch kleine Kitzel- und Massagespiele sein, z.B. „Das Kille-Kitzel-Monster".

Vorschläge für ein Massage-Spiel:
❍ das Kind wird mit den Händen gekitzelt (es sitzt auf dem Schoß der Mutter oder liegt auf dem Boden)
❍ das Kind wird mit einer weichen, langen Feder gekitzelt
❍ das Kind wird mit einem Pinsel gekitzelt
❍ das Kind wird mit Watte gekitzelt
❍ das Kind wird mit einem Igel-Ball oder Noppenball massiert
❍ das Kind wird mit den Enden eines weichen, dünnen Seidentuchs gestreichelt usw.

Psychomotorische Aktivitäten mit Gegenständen und Geräten

❍ *Hineinsteigen, Hineinklettern*
– Pappkartons verschiedener Größe (klein, mittel, groß), das Kind klettert selbständig hinein und wieder hinaus
– umgedrehte Tische (können als Schiff benutzt werden)
– leere Badewannen
– Wäschekörbe

❍ *Auf- und Absteigen, Klettern*
– auf Kindertische steigen (Hilfestellung)
– auf Gymnastikbank klettern
– Treppe aus Kissen und Polstern hinaufgehen
– Treppe aus verschiedenen Bänken und Podesten
– Treppe im Treppenhaus
– Apfelsinenkisten oder ähnliches

❍ *Hinein- und Hindurchkriechen*
– Kriechtunnel aus Stühlen oder Tischen
– Tunnel aus Reifen (Gymnastik)
– Tunnel aus Autoreifen
– Spielhaus aus Pappe
– selbst gebautes Spielhaus aus Tischen und Decken

❍ *Rutschen*
– auf dem Spielplatz
– Gymnastikbank (schräg stellen bzw. an Sprossenwand einhängen)
– glattes Brett (das von einem Erwachsenen gehalten wird)

❍ *Schaukeln, Wiegen*
- auf dem Spielplatz
- auf dem Petzi-Ball
- in einer Hängematte
- an den Armen eines Erwachsenen

❍ *Hopsen, Springen*
- mit Hilfe der Mutter oder des Vaters
- vom Stuhl auf den Schoß
- vom Kissenturm auf den Boden
- auf Matratzen, Kissen
- nach einer Zauberschnur springen (dort hängen begehrte Gegenstände)

❍ *Rollen*
- sich selbst (z.B. eine Wiese hinunter)
- in der Krabbelrolle
- Gegenstände rollen lassen, z.B. eine schiefe Ebene bauen und verschiedene Bälle, Papprollen, Büchsen, Rundhölzer, Murmeln, Holzkugeln, Papierkugeln, Ringe u.a. hinunterrollen lassen

❍ *Ein- und Ausräumen*
- Pappkiste mit Tennisbällen füllen (die Kinder sollen sie ausleeren und wieder einräumen)
- Kiste mit Kastanien, Schaumstoffwürfeln, Papierbällen, Stofftüchern usw. füllen
- Kiste mit Haushaltsgegenständen füllen

❍ *Stapeln*
- Kisten aufeinanderstapeln
- verschiedene Kissen
- Schüsseln unterschiedlicher Größe
- Eimer verschiedener Größe

❍ *Ziehen*
- Ziehtiere
- Autos
- Gegenstände (z.B. mehrere Holzkugeln, Papprollen usw.)

❍ *Verstecken*
- Gegenstände unter Tüchern verstecken
- Nahrungsmittel unter Tüchern verstecken
- Spielzeug hinter dem Rücken oder im Raum verstecken

– Kind darf sich hinter der Mutter oder hinter einem Möbelstück, vielleicht auch hinter einem Tuch verstecken

❍ *Aufheben und wegwerfen*
– Bälle aufheben und wegwerfen (wegrollen)
– Ringe aufheben und wegwerfen
– Gegenstände in Behälter (Kartons, Schüsseln, Wannen) werfen
– ein Wollknäuel wegwerfen (den langen Faden beobachten)

❍ *Fühlen, Tasten*
– Tastbilderbuch herstellen (eventuell auf einem Elternabend), jede Seite ist aus einem anderen Material (z.B. Sandpapier, Kork, Sand, Filz, Kunststoff usw.)
– Tasttäfelchen (wieder mit verschiedenen Materialien)
– Gegenstände aus der Natur: Steine, Muscheln, Kastanien, kleine Tannenzapfen

❍ *Interessante Materialien*
– Papier (z.B. Seidenpapier, Packpapier, Zeitungspapier, Tonpapier, Toilettenpapier usw.), zerreißen, zerknüllen, fliegen lassen usw.
Papier-„Happening“ (große Papiermengen zu einem Papierhaufen zusammenbringen und hineinfallen lassen usw.)
– Stoffbahnen (z.B. Tüll, Taft usw.)
– Seidentücher (fliegen lassen, sich damit berühren)
– Watte (anfühlen, sich gegenseitig damit kitzeln, fliegen lassen, nachlaufen)
– Seifenblasen (fangen, selbst pusten)
– Luftballons
– Spiegel oder Spiegelfolie (sich betrachten, Spiegel mit Farbe bemalen)
– Schaumgummiteile
– Sandsäckchen
– Küchengeräte zum Experimentieren und zur Nachahmung (Siebe, Holzlöffel, Kuchengitter, Kartoffelstampfer, Schneebesen, Töpfe, Plastikschüsseln verschiedener Größe, Bürsten, Topfkratzer, Plastikeierbecher usw.)
– Schläuche (Gegenstände hineinstecken, Wasser hineinlaufen lassen, Perlen hindurchkullern lassen)
– Eier-Schnee (den geschlagenen Schaum auf Spiegel streichen, anfühlen, sich selbst damit bestreichen usw.)
– Holzkugeln (dicke Kugeln mit großer Öffnung – die zweijährigen können bereits eine Wäscheleine hindurchziehen und eine lange Kette auffädeln)

– Wäscheklammern (eine Schnur spannen, die Klammern auf die Schnur stecken)

❍ *Geräte zur Fortbewegung*
– Rutschauto zum Draufsetzen
– Rutschdreirad (ohne Pedale)
– Bollerwagen
– Rollwagen (man kann zur Fortbewegung sich auch in einem Pappkarton oder in einer Badewanne durch den Raum ziehen lassen, eventuell auch auf Decke oder Matte legen)

Nichts wie hindurch! Zwischen zwei Gymnastikreifen haben die Eltern eine Matte geklemmt. Diese muntere Spielidee fordert zum Krabbeln auf.

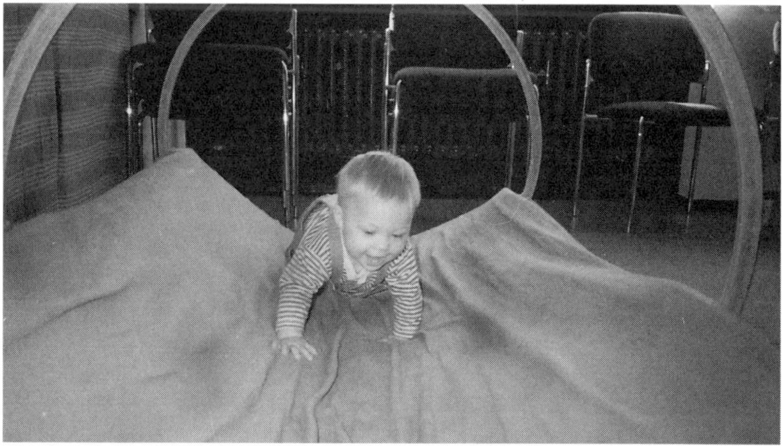

Kontakte in früher Kindheit kommen oftmals über das spontane Interesse an demselben Spielgegenstand zustande. Das vorsichtige Bewegen des Balles von beiden Kindern ist wie ein Gespräch ohne Worte. Die Mütter ermutigen und unterstützen.

Finger- und erste Kreisspiele in der Gruppe

Finger- und Kreisspiele für Kleinstkinder haben eine weitreichende Tradition. Besonders Fingerspiele sind zärtlich-intime Spiele zwischen Mutter/Vater und Kind.

Kreisspiele sind gruppenbezogene Spiele. Sie setzen voraus, daß das Kind sicher im Kreis gehen kann und bereit ist, andere Kinder und Erwachsene anzufassen. „Manchen Kindern ist dieses gemeinsame Gehen und Singen der Erwachsenen zunächst fremd. Sie reagieren verängstigt, sogar mit Weinen. Es ist dann besonders wichtig, dem Empfinden des Kindes nachzugeben, es auf dem Arm von Mutter oder Vater zuschauen zu lassen und Geduld zu üben. Nach zwei oder drei weiteren Treffen ist das Im-Kreis-Gehen nicht mehr so befremdend, das Kind traut sich dann mitzugehen, auch wenn es vielleicht einer fremden Mutter nicht die Hand geben will.

Durch Kreisspiele ist das Kind eingebunden in die rhythmische Bewegung des sich drehenden Kreises, den sich immer wiederholenden klingenden Text oder den verständlichen Ablauf, es ist Teil einer Gruppe oder spielt eine Sonderrolle, und all das fasziniert das Kind." (vgl. Hundertmark, S. 41/42). Auf der *Regel-Ebene* könnte die Gruppe etwa folgende Vereinbarung treffen:

❍ Finger- und Kreisspiele werden nach Situation und Befindlichkeit der Kinder angeboten (z.B. am Anfang der Stunde, in der Mitte, am Ende – mit einzelnen Kindern oder auch mit allen)

❍ dabei sollten die Reaktionen der Kinder aufmerksam beobachtet werden (langweilen sie sich, sind sie überfordert, empfinden sie Freude, reagieren sie ängstlich, konzentrieren sie sich, verstehen sie den Ablauf? usw.)

❍ Kinder, die nicht mitspielen wollen, sehen nur zu (z.B. auf dem Arm oder Schoß der Mutter)

Fingerspiele für das 1–2jährige Kind:

<u>Himpelchen und Pimpelchen</u>

Himpelchen und Pimpelchen
stiegen auf einen Berg.
Himpelchen war ein Wichtelmann,
und Pimpelchen ein Zwerg.
Sie blieben lange dort oben sitzen
und wackelten mit den Zipfelmützen.
Doch nach fünfundsiebzig Wochen
sind sie in den Berg gekrochen,
schlafen dort in guter Ruh.
Seid mal still
und hört schön zu:
ch – ch – ch – ch.

(überliefert)

Wir spielen:

überliefert

Alle Finger werden durchgespielt,
dann folgen:
das ganze Händchen …
das Fäustchen …
der Ellbogen …
dann fängt der Kopf zu nicken an.
Beenden kann man das Spiel: … dann fangen wir zu schlafen an.

Steigt ein Büblein auf den Baum …

überliefert

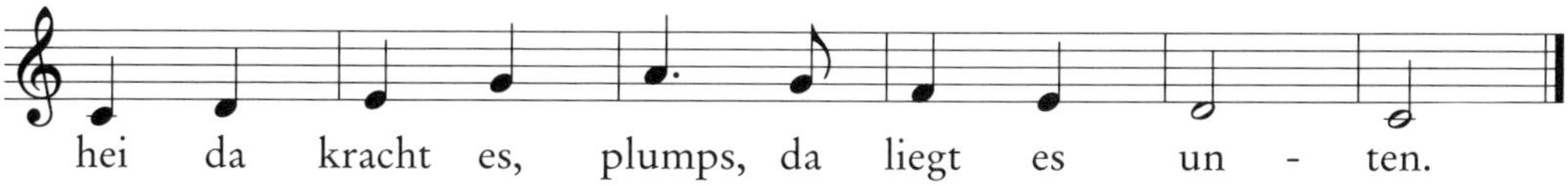

Der linke Unterarm ist der Baum, Finger sind die Zweige. Andere Hand ist das Büblein, klettert am Arm hoch, springt von Finger zu Finger, schaut ins Nest und fällt herunter.

<u>Alle meine Enten ...</u>

überliefert und ergänzt

1. Alle meine Enten
   schwimmen auf dem See.
   Köpfchen in das Wasser,
   Schwänzchen in die Höh'.

   Wasserwellen andeuten, nach vorn beugen, auf dem emporgereckten Hinterteil Schwänzchen andeuten.

2. Alle meine Täubchen
   sitzen auf dem Dach.
   Klipp, klapp, klipp, klapp, klipp, klapp,
   fliegen übers Dach.

   Mit den Händen ein Dach bilden, klatschen, mit ausgebreiteten Armen flattern.

3. Alle meine Püppchen,
   Anne und Marie,
   schlafen in dem Bettchen –
   bis ich wecke sie.

   Die Arme verschränken, hin- und herwiegen.

4. Hätt' ich einen Pfennig,
   ach, wie wär ich froh!
   Kauft mir einen Apfel,
   hüpft und tanzte so!

   Geld in die Hand zählen, in die Hände klatschen und herumtanzen.

<u>Bimmel, bammel, bommel ...</u>

überliefert

Bimmel, bammel, bommel,
die Katze schlägt die Trommel.
Und die kleinen Mäuschen
tanzen in der Reih',
und die ganze Erde ...
wackelt schon dabei.

(bei „bimmel, bammel" mit den Zeigefingern auf den Boden trommeln, bei „Mäuschen" die Finger tanzen lassen, bei „Erde wackelt schon dabei" mit den Handflächen ganz fest und schnell auf den Boden patschen)

Zehn Zappelmänner

überliefert

Zehn kleine Zappelmänner
zappeln hin und her,
zehn kleine Zappelmänner
finden's gar nicht schwer.
Zehn kleine Zappelmänner
zappeln auf und nieder,
zehn kleine Zappelmänner
tun das immer wieder.

Zehn kleine Zappelmänner
zappeln ringsherum,
zehn kleine Zappelmänner
die sind gar nicht dumm.
Zehn kleine Zappelmänner
spielen gern Versteck,
zehn kleine Zappelmänner
sind auf einmal weg.

Die Bewegungen der Finger ergeben sich aus dem Text!

Verschwundene Hände

überliefert

Hände hinter dem Rücken verstecken ... wieder hervorholen und am Ende klatschen ...

In unserm Häuschen …

Volksgut

In unserm Häuschen
sind schrecklich viele Mäuschen.
Sie trippeln und trappeln,
sie zippeln und zappeln,
sie stehlen und naschen,
und will man sie haschen –
husch, sind sie alle weg!

mit den Fingern auf die Tischplatte trommeln; bei husch … verschwinden die Hände hinter dem Rücken des Kindes!

Da kommt 'ne Maus …

Volksgut

Da kommt 'ne Maus,
die baut sich ein Haus,
da kommt 'ne Mücke,
die baut sich 'ne Brücke,
da kommt ein kleiner Floh,
der macht – so!

Da kommt der Bär,
der tappt so schwer,
da kommt die Maus
in Hänschens Haus –
da 'nein, da 'nein!

Da kommt die Maus,
da kommt die Maus,
klingelingeling,
ist der Herr zu Haus?

Mutters Hand läuft wie ein Mäuschen den Arm hinauf und will sich in der Halsgrube verstecken und kitzeln, oder die Hand läuft weiter und zupft am Ohr.

Ditsche, datsche, daus

Von den Eltern in der Gruppe gelernt

Ditsche, datsche, daus,
bau' ich mir ein Haus.

Heller Sonnenschein öffnet' Fensterlein:
Vater schaut hervor, Mutter kommt
an's Tor,
kommt der Sturm im Saus,
stürzt mir ein mein Haus –
Fliegen lauter Vöglein raus.

in die Hände klatschen
Handflächen direkt aneinander
öffnen
Daumen und Zeigefinger schau'n hervor
Beim „Sturm" Haus einstürzen lassen!
Mit Fingern Vögel andeuten.

Das Fähnchen

Volksgut

Die Hand des Kindes wird wie ein Fähnchen hin- und hergeschwenkt.

Das ist der Daumen

Volksgut

Das ist der Daumen,
der schüttelt die Pflaumen,
der hebt sie auf,
der trägt sie nach Haus,
und der kleine Schelm ißt sie alle auf.

Der ist ins Wasser gefallen,
der hat ihn herausgezogen,
der hat ihn ins Bett gelegt,
der hat ihn zugedeckt,
und der kleine Schelm da hat ihn wieder aufgeweckt.

allerersten Spaß – man stippt jedes Fingerchen des Kindes an!

Kommt ein Mäuschen

von den Eltern im Kurs gelernt

Kommt ein Mäuschen,
baut sich ein Häuschen,
kommt ein Mückchen,
baut ein Brückchen,
kommt ein Floh,
und der pikt so.

Den Text durch Handbewegungen nachahmen; zum Schluß das Kind mit dem Zeigefinger pieken.

Zwerglein

von den Eltern im Kurs gelernt

Klitzekleines Zwerglein
ging mal auf ein Berglein,
rutschte aus,
ging nach Haus –
schon ist die Geschichte aus.

Die Finger des Erwachsenen laufen den Arm des Kindes hinauf und rutschen wieder hinab.

Volksgut

Da kommt der Bär, der tappt so schwer.
Da kommt die Maus, die läuft ins Haus.
Da kommt die Mücke …
tücke, tücke, tück.

mit den Fingern über den Körper des Kindes tappen, laufen …

Volksgut

Geht ein Mann die Treppe 'rauf,
putzt sich die Füße ab, klopft an,
klingelt lang, guten Tag
Herr Nasemann!

den Arm des Kindes mit den Fingern hinauflaufen, streicheln, klopfen, am Ohr klingeln, an der Nase stupfen …

Spiel mit einem Schlüsselbund

Volksgut

(einem echten oder einem aus Plastik)

Rissel, rassel, rüssel,
wo sind meine Schlüssel?
Rissel, rassel, rund,
sie sind am Schlüsselbund.
Rissel, rassel, roll,
sie tanzen da wie toll.
Rissel, rassel, rabe, mein Kind soll alle haben …

die Schlüssel rasseln und tanzen lassen. Zum Schluß darf das Kind die Schlüssel haben.

Volksgut

Da hast du 'nen Taler,
geh' zum Markt.
Kauf' dir 'ne Kuh
und ein Kälbchen dazu.
Das Kälbchen hat ein Schwänzchen,
macht didel, didel, dänzchen …

man klatscht im Takt zu den Worten in die Kinderhand und kitzelt das Kind bei der letzten Zeile.

Ringel, Rangel. Rose

Worte und Weise volkstümlich

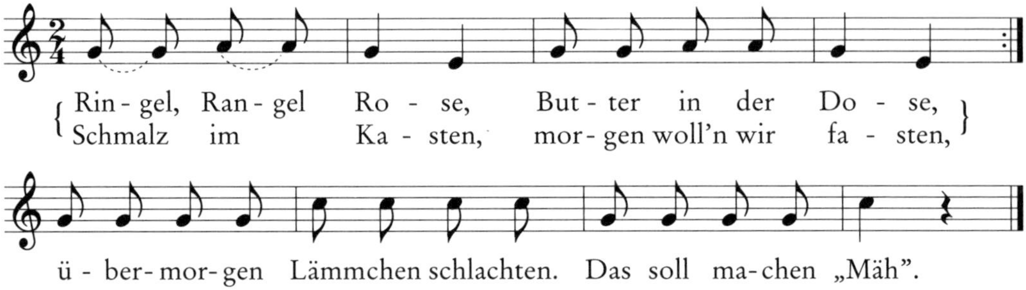

Die Kinder fassen sich an den Händen und gehen im Kreis herum. Bei „Mäh" setzen sie sich in die Hocke.

Häslein in der Grube

Worte und Weise volkstümlich

2. Häslein vor dem Hunde, ‖: hüte dich! :‖
Hat gar einen scharfen Zahn,
packt damit mein Häslein an. ‖: Häslein, lauf :‖

In der Kreismitte sitzt der Hase und schläft. Bei „Häslein, hüpf" erwacht es und hüpft durch den Raum.

Das Karussell überliefert

Kinder und Mütter gehen im Kreis, bleiben stehen und ahmen einsteigen und festhalten nach. Die Kinder werden von den Müttern an den Oberarmen gefaßt, hochgehoben und im Kreis herumgeschwenkt.

Schlußlied oder Reim überliefert

Alle Leut', alle Leut' gehn jetzt nach Haus'.
Große Leut', kleine Leut', dicke Leut', dünne Leut',
Alle Leut', alle Leut' gehn jetzt nach Haus'.

Gehn in ihr Kämmerlein, machen ein Schläfelein,
Alle Leut', alle Leut' gehn jetzt nach Haus'.

AUF WIEDERSEHEN!!

Die unterstrichenen Wörter werden durch Gesten dargestellt!

Dieses Schlußlied, das jeweils am Ende der Gruppenstunde gesungen wird, signalisiert den Kindern, daß „alle gleich nach Hause gehen". So wird den kleinen Kindern die zeitliche Orientierung erleichtert. Sie erleben einen gleichbleibenden rhythmischen Ablauf.

Funktionsspiele mit Werkmaterialien und natürlichen Elementen

Als Funktionsspiele bezeichnet man alle jene Spiele, die das Kind aus Freude an der Bewegung und an den zufällig bewirkten Veränderungen vollführt („operant behavior", vgl. Lernpsychologie).

„Während im 1. Lebensjahr die zur Übung drängenden Bewegungsformen unabhängig vom Material vollzogen werden, lernt das Kind schon im 2. Lebensjahr manche Materialien spezifisch zu verwenden. Mit den Bausteinen baut es, Sand wird eingefüllt und ausgeleert, mit dem Bleistift werden Striche bezogen, alles jedoch ohne Gestaltungsabsicht, d.h. ohne Darstellungsfunktion."[38] Das Kind ist also noch lange nicht in der Lage, Dinge aus seiner Umgebung nachzugestalten. Seine Spielfreude konzentriert sich auf den Umgang mit dem Material und alle möglichen Erfahrungen damit. Das Endprodukt interessiert noch nicht. Es wäre auch verfrüht, vom Kind im Nachhinein eine Benennung der produzierten Werke zu verlangen („Was soll das sein?"). „Diese materialspezifischen Funktionsspiele schaffen ein Grundmaterial an einfachen sensomotorischen Fähigkeiten und Erfahrungen, auf denen sich die komplexeren, zielgerichteten Verhaltensweisen aufbauen können. Im Umgang mit Material macht das Kind Erfahrungen in bezug auf dessen Glätte und Rauheit, Größe und Gewicht, Farbe, Dichte und Plastizität."[39]

Phase 1: Funktionsspiel mit *unspezifischer* Materialbehandlung (1. und 2. Lebensjahr)
Phase 2: Funktionsspiele mit *spezifischer* Materialbehandlung, aber *ohne* Darstellungsfunktion (je nach Material zwischen 2 und 5 Jahren)

Das Kind kritzelt, knetet, formt, schraubt zusammen, kommt aber nur zu Zufallsprodukten und schreitet nicht planmäßig Schritt für Schritt zu einem Endziel, nämlich dem beabsichtigten Werk, fort.

In der Phase 3 (spätestens im 6. Lebensjahr) beobachtete Hetzer die „**beabsichtigte** Herstellung eines darstellenden Werkes."[40]

Das 2. Lebensjahr ist nach psychoanalytischer Sicht die sog. „anale Phase" (während das 1. Lebensjahr als „orale Phase" bezeichnet wird = Lustgewinn über die Mundregion und das Saugen). Die Analphase bringt eine Verlagerung der Aufmerksamkeit auf die Analzone (Interesse an den Ausscheidungsprodukten). Zur analen Phase gehört auch die den Erwachsenen oft schockierende Freude

[38] Vgl. Schenk-Danzinger, Lotte, Entwicklungspsychologie, Wien 1972, S. 94.
[39] Schenk-Danzinger, a.a.O., S. 94.
[40] Vgl. Oerter, Rolf, Moderne Entwicklungspsychologie, Donauwörth 1967, S. 212.

am Spiel mit den eigenen Exkrementen (Kotschmieren), die vorerst noch durch keinerlei Ekelgefühle beeinträchtigt werden.

Das zweijährige Kind findet jetzt genauso Freude am Spiel mit Matsche, Lehm, Sand, Ton, Farbe und anderen Materialien, die seinem Empfinden in dieser Phase besonders entgegenkommen.

Eltern sollten darüber informiert werden, daß:
- Schmutzigmachen und Herumschmieren mit bestimmten Materialien zu dieser Entwicklungsstufe unbedingt dazu gehören
- man dem Kind Materialangebote machen sollte (Sand, Ton, Matsche), die seinem analen Hang zum Herumschmieren und Matschen entgegenkommen
- die werkschaffenden Spiele der frühen Kindheit reine Funktionsspiele sind (vgl. sog. Kritzelstadium), und daß die Eltern keine bestimmen Produkte (Leistungen, „schöne“ Bilder) erwarten dürfen.

Materialien zum Kneten und Matschen

- Sand
- Wolkenteig (s. Anleitung S. 104)
- Mehl-Matsche
- Ton

Sand/Sandkasten, Behälter mit Sand

„Der Sand/Sandkasten ist für das einjährige Kind ein wunderbarer Greifraum, gleichsam ein Zauberkasten … Im Sandkasten kann das Kind in die Tiefe hineinfahren und das Ergriffene sofort gestalten. Im Sandkasten kann das Kind ‚gründlich‘ werden.

Jedes frühkindliche Greifen ist ein natürlicher Drang, aus der Ich-Isolation, aus dem geschlossenen Ichkreis-Geschehen herauszukommen …

Aus dem Greifen wird Gestalten, aus dem Gestalten wird Ergriffensein.“[41]

Möglichkeiten für den Umgang mit Sand:

- einen Sandkasten aufsuchen, z.B. auf einem Spielplatz in der Nähe
- im Gruppenraum verschiedene Plastikschüsseln mit Sand aufstellen
- ein Kinderplantschbecken oder eine Kinderbadewanne mit Sand füllen. Dazu den Raum mit Plastikfolie auslegen, Eltern helfen dabei.

Hilfsmittel können sein:

- Eimer
- Schippchen

[41] Feuerabend, Sigmund, Die ersten 1000 Tage im Leben eines Kindes, München 1987, S. 59 f.

- Förmchen
- leere Yoghurtbecher unterschiedlicher Größe: Man kann in die Becher mit einer heißen Stricknadel Löcher hineinbrennen, damit der Sand herausrieselt.
- Gießkanne mit Wasser, bevorzugt im Freien
- verschiedene Siebe
- große Löffel
- kleine Kochtöpfe aus Mutters Küche oder Puppengeschirr

Wolkenteig

3 Tassen Mehl
2 Tassen Wasser
2 Eßlöffel Öl
} verrühren und durchkneten

Damit der Teig schön farbig aussieht, kann man Lebensmittelfarbe oder einfach Kakao, Rote Beete-Saft oder ähnliches unterkneten.

Im 1. und 2. Lebensjahr befindet sich – wie bereits erwähnt – das Kind auf der unspezifisch-funktionalen Stufe. So wird z.B. der Wolkenteig zunächst nur mit der Hand geknetet, auf den Boden geworfen, vielleicht sogar zunächst in den Mund gesteckt (der Teig ist ungiftig und enthält bewußt kein Salz, da dies den Nieren der ganz Kleinen schaden würde!). Vielleicht bohren die Kinder auch ihre Finger in die Teigmasse und sehen, daß kleine Vertiefungen und Löcher entstehen.

Es wäre in jedem Fall nicht richtig, mit dem Kind sofort eine bestimmte Technik einzuüben (z.B. eine Kugel, eine Schlange formen).

Mehl-Matsche[42]

1 Tasse Mehl
1 Tasse Wasser
} mischen und eventuell mit Lebensmittelfarbe einfärben

Mehl-Matsche ist ein breiartiges Material, mit dem sich Kinder auch am ganzen Körper einschmieren können. Es kommt in besonderem Maße dem Matschbedürfnis der kleinen Kinder entgegen.

[42] Wolkenteig, Mehlmatsche und andere Gestaltungsmaterialien aus Lebensmitteln werden in der praktischen Arbeit mit Kindern unter 3 Jahren immer wieder eingesetzt. Auch in der Praxis-Literatur finden sich unterschiedlichste Hinweise auf diese Materialien und Beispiele für deren Einsatz in Spielsituationen. Einerseits scheint mir die Materialwahl insofern gerechtfertigt zu sein, als daß Nahrungsmittel unschädlich sind und getrost auch 'mal in den Mund genommen, ja sogar verschluckt werden können. Andererseits kommt man auch nicht darum hin, das Thema „Lebensmittel als Gestaltungsmittel" kritisch zu beleuchten und zu problematisieren. So gehen z.B. Austermann/Wohlleben in ihrem Werk: Zehn kleine Krabbelfinger. Spiel und Spaß mit unseren Kleinsten, so weit, Babys in eine Art Sandkasten aus Grießkörnern zu setzen, damit sie damit experimentieren können. Wie viele Babys – so muß man sicherlich berechtigt anmerken – könnten damit in der sog. Dritten Welt wohl einen Tag lang satt werden und überleben? Ich habe die Beispiele „Wolkenteig", „Mehlmatsche" und später auch „Salz-Mehl-Teig" der Information halber in meine Anregungen aufgenommen, da sie aus der Praxis stammen und dort auch weiterhin verwendet werden. LeserInnen mögen sich anhand der genannten Argumente ihre eigene Meinung bilden, um entsprechend verantwortungsbewußt handeln zu können.

Ton

Eltern sollten hier kein übertriebenes Sauberkeitsdenken an den Tag legen und vor allen Dingen keine Ekelgefühle zeigen!

Zuvor den Ton schön einfeuchten bzw. reichlich mit Wasser vermengen, denn so eignet er sich am besten zum Matschen.

Geht es weniger um das Matschen, sondern vielmehr um Greifen und Formen, darf nicht so viel Wasser dazu gegeben werden.

In der sog. „analen Phase" (Psychoanalyse) empfinden Kinder besondere Lustgefühle im Umgang mit Ton (Ersatz für das sog. „Kotschmieren").[43]

Wasser

Wasserspiele begeistern Kinder aller Altersstufen. Hier einige Beispiele und Spielvorschläge:
- Badewanne oder Plantschbecken mit Wasser füllen
- verschiedene Schüsseln mit Wasser füllen
- Schwimmtiere und Schiffe schwimmen lassen (auch Gegenstände und Materialien aus der Umgebung)
- Plastikbecher und Flaschen zum Ein- und Umfüllen (Bodenlöcher mit heißer Stricknadel einstanzen)
- Gießkannen
- Wasser mit Badeschaum versehen
- Wasser färben (mit natürlichen Badezusätzen)
- Wasser in Luftballons füllen (Wasserbomben)
- Gefriertüten mit Wasser füllen und zuschweißen (eventuell Wasser mit Lebensmittelfarbe einfärben)

Materialien zum Malen

- Fingerfarbe
- Rasierschaum/Eischnee
- farbige Badezusätze
- Seife
- Mehl-Matsche
- Wachsmalblöcke (-Stifte)

In den Kindergruppen sollten den Kindern vielfältige Möglichkeiten zum Umgang mit Farben gegeben werden:

❍ das Malen ist flächig (zweidimensional) und bietet viel mehr

[43] Katharina Zimmer weist in ihrem Buch, Schritte ins Leben, München 1991, in Anlehnung an T. Berry Brazelton darauf hin, daß Eltern den Ausscheidungsfunktionen und dem Sauberwerden eine viel zu große Bedeutung beimessen und manchmal ihr Kind zur Sauberkeit dressieren wollen. Das führt dazu, daß ein Kind geradezu zu „Perversionen" gedrängt wird. Spiele mit dem Kot kommen bei einer liebevollen, verständnisvollen Erziehung nicht vor (vgl. Zimmer, S. 52). Ungeachtet dieser These empfinden Kinder im zweiten Lebensjahr tatsächlich besondere Freude beim Matschen mit entsprechenden Materialien, selbst wenn man den Aspekt des „Ersatzes" für das Spiel mit den eigenen Exkrementen durchaus hinterfragen kann.

Möglichkeiten als das Zeichnen (eindimensional, Abstraktion). Beim Malen kann sich das Kind über große Flächen ausleben. Malen ist schmieren und entspricht mehr dem Erleben des 1–2jährigen Kindes als das Zeichnen mit einem Stift. Beim Zeichnen entstehen Linien und zunächst kleine Flächen …

❍ in modernen Wohnungen erhalten Kinder wenig Gelegenheit, mit Farben zu experimentieren. Eltern fürchten oftmals Unordnung und Schmutz. In der Kindergruppe wird ein Rahmen organisiert, in dem Kinder sich lustvoll im Umgang mit Farben entfalten können.

❍ Beim Experimentieren kann das Kind seinen eigenen Körper einbeziehen. Es bemalt mit körperfreundlichen Farben seine Hände, Arme oder sogar den ganzen Körper. Dies ermöglicht vielfältige Sinneserfahrungen.

❍ Der Pinsel hat in dieser Altersstufe noch keine Berechtigung! Er verhindert den direkten Kontakt mit der Farbe und entspricht eher einem erwachsenen Ordnungs- und Sauberkeitsdenken als kindlichen Bedürfnissen. Erwachsene sollten sich fragen, ob sie nicht ihre eigenen Ekelgefühle dem Schmutz gegenüber auf das Kind übertragen. Sicherlich gibt es Kinder, die sich vor Farbe ekeln oder sogar nach einem Pinsel verlangen. Aber ist dies nicht das unmittelbare Ergebnis von – unbewußten – elterlichen Einflüssen?

Naturfarbe aus Pflanzen

Für die Herstellung von Pflanzenfarben kocht man die ausgesuchten Pflanzen für längere Zeit in wenig Wasser. Der abgekühlte Sud wird anschließend durch ein Tuch oder Teesieb in ein entsprechendes Gefäß gegossen.

Hier einige Pflanzen, die sich eignen:

ROT – Kirschsaft, roter Johannisbeersaft, rote Zwiebelschale, Rote Beete-Saft

BLAU bis LILA – Schwarze Johannisbeere, Heidelbeere, Holunderbeere

GELB – Kamillentee, braune Zwiebelschale, Birkenblätter

GRÜN – Salbeitee, Klee

BRAUN – schwarzer Tee

Selbstgemachte Fingerfarbe

Rezept a)

400 ml Wasser (eher mehr)
100 ml Stärke
} 5–10 Min. unter Rühren zum Kochen bringen

Wird die Farbe zu dickflüssig, rasch Wasser nachgeben bzw. Kochzeit abkürzen. Eventuell Lebensmittelfarbe zugeben oder die oben genannten Pflanzensäfte.

Besonders kleine Kinder lieben es, den ganzen Körper mit Fingerfarbe zu bemalen. Die Farbe muß absolut ungiftig sein – am besten, man stellt sie nach genanntem Rezept selber her. Nacktheit ist in diesem Alter ganz natürlich. Der Umgang mit Farbe wird hier zur neuen Körpererfahrung. Man kann auch mit Badezusätzen auf dem Körper malen.

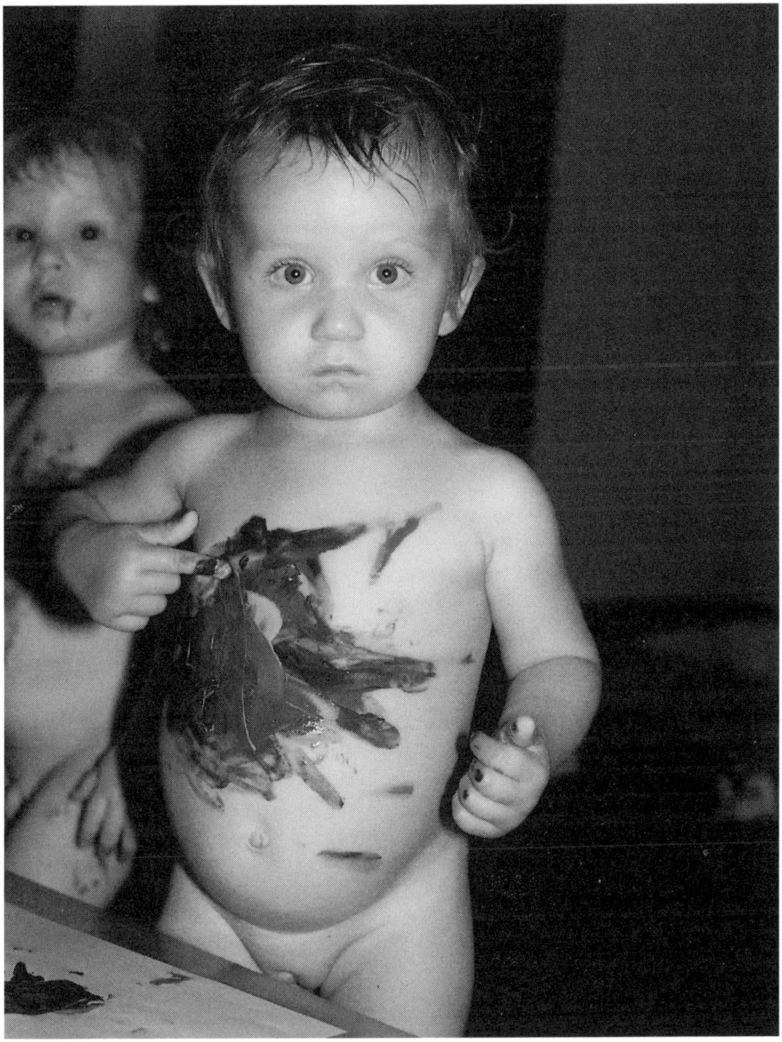

Rezept b)
1 Tasse Mehl
1 Tasse Wasser } verrühren

Lebensmittelfarbe oder Naturfarbe aus Pflanzen zugeben!

Rezept c)
Vielleicht nicht für die ganz Kleinen geeignet, da die Farbe nicht „eßbar" ist!

Tapetenkleister – mit Wasser anrühren
Farbpulver – zugeben und vermengen
(Tapetengeschäft)

Die selbst gefertigten Farben gesondert in ein fest verschließbares Schraubglas füllen!

Bei gekaufter Fingerfarbe ist darauf zu achten, daß sie aus natürlichen Zutaten hergestellt ist. Diese „Bio-Farben" sind allerdings im Vergleich zu anderen Farben sehr teuer.

1985 entdeckte die Zeitschrift Öko-Test in Fingerfarben Blei und Cadmium!

Erwachsenenbildungs-Arbeit bedeutet hier:

- über naturbelassene Farben zu sprechen
- Möglichkeiten – z.B. auf einem Elternabend – zu diskutieren
- Farben – z.B. auf einem Elternabend – selbst herzustellen
- Öko-Test-Ergebnisse zu vergleichen
- Quellen für den Einkauf von Farben auszutauschen (Adressen, Preisvergleiche)
- Erfahrungen mit dem Einsatz von Farben zu thematisieren

❍ Rasierschaum
Dazu benötigt man einen großen Spiegel, den man aufstellt oder hinlegt. Die Eltern sprühen die Fläche mit Rasierschaum ein. Die Kinder verteilen den Schaum, zeichnen mit Händen und Fingern einzelne Linien ein …

Man kann auch Spiegelfolie verwenden (sie ist allerdings nicht ganz billig!). Eventuell auch Eischnee verwenden!

❍ Farbige Badezusätze
Man spritzt kleine Punkte auf den Spiegel oder eine Plastikplane und gibt ein wenig Wasser hinzu. Die Kinder verteilen die Emulsion (wenn sie reiben, entsteht Schaum).

❍ Seife
Baby-Seife (sie darf nicht in den Augen brennen) auf dem Spiegel verteilen. Auch hier entstehen mit Fingern und Händen dicke oder grüne Linien.

❍ Mehl-Matsche
Vgl. Materialien zum Kneten und Matschen!

Wenn man sie mit viel Wasser anreichert und eventuell mit Speisefarbe durchsetzt, kann man auch damit malen.

❍ Wachsmalblöcke
Sie haben den Vorteil, daß Kleinstkinder sie mit der ganzen Hand greifen können (später kann man auch Stifte geben). Die Blöcke bzw. Stifte machen herrliche Geräusche. Dazu können Eltern Sprüche sagen oder die Kritzelgeräusche mit Lauten begleiten, z.B.: Punkt, Punkt, Punkt ... oder: Pitsche-pitsche-patsch ..., Klopf, klopf, klopf ...

Das Verhalten der Erwachsenen gegenüber den ersten Kunstwerken ihrer Kinder!

Am Anfang der Mal- und Zeichenentwicklung steht das sog. „Kritzelstadium". „Die frühen Kritzel sind nur zufällige Ergebnisse einer Bewegung, bei der das Kind einen Bleistift oder ein Stück Kreide in der Hand hält und sich über die entsprechenden Spuren freut. Es entstehen die für die Kritzelstunden typischen, noch ungeordnet erscheinenden Liniengewirre."[44]

Mit zunehmender Erfahrung lernt das Kind schließlich, die Bewegungen des Armes willentlich zu steuern, indem es den Zusammenhang zwischen Armbewegung und Bewegungsspur auf dem Papier entdeckt.

An dieser Stelle möchte ich nicht die einzelnen Phasen der Mal- und Zeichenentwicklung vertiefen, sondern stattdessen einige prinzipielle Fragestellungen, die mir persönlich sehr wichtig sind, ins Bewußtsein der LeserInnen rücken:

In meiner pädagogischen Arbeit mit älteren Kindern und Erwachsenen wird immer wieder deutlich, mit welchen Ängsten und Hemmungen Menschen vor einem leeren Blatt Papier sitzen, auf dem sie etwas gestalten möchten: „Was soll ich malen?" ... „Mir fällt nichts ein." ... „Ich konnte noch nie zeichnen." ... „Mal' mir einmal etwas!" ... sind Fragen und Äußerungen, die Pädagogen im Umgang mit Gestaltungsprozessen immer wieder begegnen. Wurzeln einer solchen Einstellung liegen in der Regel bereits in der ganz frühen Kindheit, liegen in Erfahrungen mit Eltern und Erziehern, die in ihrem Verhalten oder Fehlverhalten die zukünftige kreative Ent-

[44] Wölfel, Karin/Schrader, Ulrike, Farbspiele mit Kindern. Für Kinder ab 2 Jahre, München 1981, S. 89.

wicklung des Kindes und späteren Erwachsenen entscheidend prägten und manchmal auch ein weiteres Voranschreiten – bevor es recht begonnen hatte – im Keim erstickten. Meist geschieht das Eingreifen in Gestaltungsprozesse natürlich in bester Absicht und ohne Wissen um mögliche Folgeerscheinungen, die manchmal so weit gehen, daß ein verunsichertes oder getadeltes Kind für Jahre keinen Stift oder Pinsel mehr in die Hand nimmt (in extremen Fällen hält sich diese Zurückhaltung über ein ganzes Leben).

Wissenswertes für Eltern und Erzieher:

❍ Jedes Kind ist in seiner Natur einmalig, und jeder kreative Schöpfungsprozeß im Bereich des bildnerischen Gestaltens verdient die Achtung und Wertschätzung des Erwachsenen (Ausnahme: das Kind gibt sich sichtlich keine Mühe, dann darf das ältere Kind auch einmal kritisiert werden).

❍ Erwachsene verabschieden sich am besten von vorgefaßten Klischeevorstellungen, z.B. die Sonne steht immer rechts oben in der Ecke und hat immer ein lachendes Gesicht. Stattdessen finden Kinder jenseits aller Schablonen oft einmalig originelle Bildaussagen.

❍ Fragen wie: „Was soll das sein?“ verunsichern das Kind. Es malt zunächst nicht gegenständlich, sondern aus einem elementaren Körpergefühl heraus. Das frühzeitige Deuten von Bildwerken – ein sprachlicher Akt – führt dazu, daß die Bildentwicklung nicht zur vollen Entfaltung und Reife kommt. Deutungen sind bereits eine Form, sich von dem Bildwerk und seinem nicht-sprachlichen Aussagegehalt zu entfernen, sich also vom Bild zu distanzieren. Das kleine Kind empfindet sich jedoch als Einheit mit dem Bild.

❍ Später kommentieren Kinder ihre Gemälde und Zeichnungen von ganz allein, wenn sie dies möchten. Dabei verändern sich die Erklärungen oft im Laufe des Gestaltungsprozesses oder im Nachherein (z.B. erst: „Das ist ein Auto“ und später: „Das ist ein Schiff“ usw.).

❍ Das Kind sollte erfahren, daß es sich auf seine eigenen Fähigkeiten verlassen kann. Deshalb sollten Eltern und auch GruppenleiterInnen den Kindern in der Regel nichts vorzeichnen oder vormalen.

❍ Eltern neigen – auch in Eltern-Kind-Gruppen – immer wieder dazu, sich neben ihre Kinder zu setzen und in deren Bildwerke hineinzureden oder hineinzuarbeiten.

Deshalb ist es wichtig, daß die Gruppenleiterin/der Gruppenleiter durch eine allen bekannte Gruppenregel formuliert: „Die Kinder malen grundsätzlich ohne fremde Hilfe. Die Bildwerke werden nicht kommentiert (es sei denn, das Kind erzählt selber etwas darüber).“

Lediglich bei größeren technischen Schwierigkeiten oder Gefahren, können Eltern eingreifen – z.B. wenn ein Kind einen Farbtopf umgeworfen hat oder gerade Anstalten macht, Farbe in den Mund zu stecken usw.

❍ Genauso wie das Tadeln von Fehlern ist auch übertriebenes Loben nicht angebracht. Bildwerke sind – genau wie z.B. motorische Leistungen im Bereich der Bewegungserziehung – selbstverständliche Äußerungsformen und entspringen einem elementaren, kindlichen Bedürfnis.

Materialien zum Bauen

Das Kind im 2. Lebensjahr ist bereits in der Lage, einige Materialien spezifisch zu behandeln (z.B. sind Bausteine zum Bauen da und werden auch so verwendet, selbst wenn das kleine Kind nur 2 Steine aufeinanderstellt). Andererseits wird ein Baustein jedoch ganz „unspezifisch“ verwendet (z.B. ist er plötzlich ein „Hund“, eine „Puppe“, etwas zum „Essen“ usw. – vgl. „Egozentrismus“ bzw. „idealistische“ Spielhaltung, „physiognomisches Weltbild“). Außerdem werden auch ganz untypische Materialien zum Bauen verwendet (unspezifische Materialbehandlung, wie z.B. Töpfe u.ä.).

Das kleine Kind sollte noch keine komplizierten Bausätze oder Steckbausteine erhalten. Damit das Kind die Gesetze der Schwerkraft lernt, ist es wichtig zu erleben, daß ein gebauter Turm auch umfallen kann. Es bereitet dem Kind geradezu Vergnügen, den umstürzenden Turm zu betrachten (deshalb nicht sofort Duplosteine geben, denn die sind fest miteinander verbunden und ermöglichen nicht die Erfahrung des Zusammenstürzens).

Die Bau-Elemente sollten möglichst groß sein (kleine Steine erfordern mehr Handgeschick).

Hier einige *Vorschläge*:
- Bausteine aus Holz (z.B. Fröbelbausteine, zunächst Würfel)
- Bausteine aus Plastik
- Bau-Becher (man kann in die Höhe bauen oder auch die Becher ineinander stecken)
- Eimer verschiedener Größe
- Tuppergefäße
- dicke Stücke aus Ästen
- Kissen und Kartons
- Schaumgummiwürfel
- Schwämme
- Kissen, Polster
- Keksdosen
- Toilettenrollen, Haushaltsrollen
- leere Pappschachteln

- Topfkratzer
- Zahnbecher, Joghurtbecher
- Schuhkartons (im Schuhgeschäft fragen!)
- Verpackungsmaterialien (z.B. Styropor) usw.

Spielidee:
„Beladen – Entladen", z.B. ein großes Holzauto mit Bausteinen oder Pappschachteln beladen und wieder entladen ... Schuhkartons mit Bausteinen beladen, Pappkartons mit Toilettenrollen oder Schaumgummiwürfeln usw.

2.4.4. Erste Rollenspielansätze

„Wir beobachten das Rollenspiel erstmalig zu jener Zeit, zu der auch die Anfänge der Sprache in Erscheinung treten ... Die einfachste Form des Rollenspiels, die wir am Beginn des 2. Lebensjahres beobachten können, besteht darin, daß das Kind bereits erworbene eigene Verhaltensschemata (wie Schlafen, Essen) wiederholt ...

Es reproduziert auch bei Erwachsenen beobachtbare Verhaltensschemata, etwa das Rauchen, das Zeitunglesen, das Kehren. Bald werden in diese Schemata Symbole eingeführt, die willkürlich gesetzt, an die Stelle der zur Situation gehörigen Gegenstände treten (Papier steht für einen Teller, eine Schachtel dient als Auto). Eine weitere noch im 2. Lebensjahr zu beobachtende Form des einfachen Rollenspiels ist das Übertragen der eigenen Verhaltensschemata auf Spieldinge (Tiere und Puppen werden schlafen gelegt, gefüttert, etc.).

Allmählich kommt es immer häufiger zu Umdeutungen der Dinge. In rascher Folge kann alles zu allem werden, und jede Sache wechselt im Verlauf einer Spielperiode mehrfach ihre Bedeutung."[45]
Der Höhepunkt des Rollenspiels liegt allerdings erst im Alter zwischen 3 und 4 Jahren!

Einige Angebote für das Rollenspiel einzelner Kinder (Zusammenspiel ist hier noch nicht möglich):
- Puppen
- Puppenbett
- Puppenwagen
- Kochtöpfe und Puppengeschirr (für das Essen-Spielen)
- Besen
- Schlafecke/Kuschelecke mit Kissen und Tüchern
- Badewanne

[45] Vgl. Schenk-Danzinger, Lotte, a.a.O., S. 90.

- Kuscheltiere (z.B. Teddy)
- große Holztiere

Kochen-Spielen:
Es ist auffällig, wie gern bereits Kleinstkinder „Essen-Kochen" spielen. Wenn man bedenkt, daß die Versorgung des Kindes mit Nahrung einen großen Teil des Tagesablaufs in Anspruch nimmt und es über die Nahrung einen großen Teil an Zuwendung erhält, kann man sich vorstellen, daß Essen und Essen-Kochen beliebte Themen für das Rollenspiel darstellen.

Gern benutzen die Kinder auch richtige Kochtöpfe aus der Küche. Ebenso kleine Schneebesen, Holzlöffel, Eierlöffel etc. Zur Imitation der Nahrungsmittel eignen sich z.B.:
- Wäscheklammern
- Holzkugeln
- Kastanien, Eicheln
- Bausteine
- große Holzsteckerchen
- große Nudeln
- Haferflocken
- Muscheln
- Kieselsteine
- Knetteige (z.B. der „Wolkenteig") usw.

Auf einen Pappkarton wurden mit Filzstiften Kochplatten aufgemalt. Die Kinder können jetzt auf einem „Herd" kochen (für Zweijährige!)

2.4.5. Elementarbilderbücher

„Schon das 1jährige Kind kann zuweilen vertraute Personen, Tiere oder Gegenstände auf Bildern wiedererkennen. Es verhält sich ihnen gegenüber aber meistens noch so, als seien es wirkliche Gegebenheiten. Zusehends unterscheidet das Kind zwischen Wirklichkeit und Abbildern und erfaßt, daß letztere nur Zeichen für die realen Inhalte darstellen, also Symbolcharakter besitzen. Diese Darstellungsfunktion von Bildern erwirbt das Kind in der Regel während der 1. Hälfte des 2. Lebensjahres, also zur gleichen Zeit, in der es auch den Symbolcharakter oder die Nennfunktion der Sprache erfaßt."

Elementarbilderbücher zeigen nur einen Gegenstand, z.B. einen Ball, ein Auto, eine Puppe, ein Kind etc. Es wäre verfrüht, kleinen

[46] Vgl. Nickel, Horst, Entwicklungspsychologie des Kindes- und Jugendalters, Bd. 1, Bern 1972, S. 203.

Kindern schon komplexe Abbildungen zu präsentieren. Die Auswahl der Bücher sollte z.B. nach folgenden Kriterien erfolgen:
❍ Bilder: einfach, ganzheitlich, klar, wesentlich, deutlich, ansprechende klare Farben, für das Kind wiedererkennbar, ihm aus seiner Umwelt bekannt.
❍ Verarbeitung des Buches: fest, stabil, leicht handhabbar, abwaschbar, einige Bücher zum Aufstellen (Spielcharakter).
❍ Text: muß zunächst gar nicht sein, weil die Bilder im Mittelpunkt stehen (man kann dazu frei erzählen).
Wenn Text vorhanden ist, sollte er knapp und prägnant sein!

Elterninformation:
Immer wieder kann man beobachten, daß Kleinstkindern komplexe Bildgeschichten mit vielen verwirrenden, detaillierten Darstellungen gegeben werden. Diese Bilderbücher gehören eindeutig in den Kindergarten. Allenfalls für die großen „Maxi-Club-Kinder“ sind sie geeignet!

Bilderbücher für Ein- bis Zweijährige:

Hansson, Gunilla, : Bist du fertig, Klara?
Ravensburg, 4. Auflage 1993

Hansson,Gunilla, Ein Baby für Klara
Ravensburg, 3. Auflage 1993

Heine, Helme, Der Hase mit der roten Nase
Köln, 10. Auflage 1992

Lioni, Leo, Frederick
Köln o. J.

Lioni, Leo, Wer macht die Blumen bunt?
Köln o. J.

2.4.6. Gespräche unter den Erwachsenen

Neben den bereits genannten Themen wie Spielzeug, Bücher, Kinderkrankheiten, Haushalt, Beruf etc. geht es jetzt vermehrt um:

❍ Laufen, Laufentwicklung
❍ Sprache, Sprechen ...
❍ Unfallverhütung in der Wohnung
❍ Erziehungsgrundsätze
(Gebote, Verbote ... Erziehungsziele, -mittel, -stile)
❍ Vermeiden von Erziehungsfehlern (z.B. zu viel Einschränkung, ängstliche Überbehütung, Überforderung des Kindes, Leistungsdruck usw.)

❍ immer wieder das Thema „Sauberkeitserziehung“ (auch im Umgang mit Farbe und Matsch-Materialien)
❍ Spielverhalten der Kinder (Was interessiert sie, wie lange spielen sie?)
❍ Kontakte zu anderen Kindern und Erwachsenen
❍ allgemeine Beobachtung des Kindes in der Gruppe (Kinder zanken sich um ein Spielzeug. Wie verhalten sich die Erwachsenen dabei?) – auch Konflikte unter den Erwachsenen
❍ zunehmende Beteiligung der Eltern an der Planung des Gruppengeschehens (Planungsgespräche)
❍ Gefühle der Eltern/der Gruppenleitung

Literatur

zum Thema: „Finger- und Kreisspiele“:
Pousset, Raimund, Fingerspiele und andere Kinkerlitzchen. Spiel-Lust mit kleinen Kindern
Hamburg 1983

zum Thema: „Eltern-Kind-(Spiel-)Gruppe allgemein“:
Guhl-Schubert, Annette, Spielgruppe. Anregungen und Tips für Eltern und Leiter
Freiburg 1986

Treffpunkt Spielgruppe. Ein Angebot für Kleinstkinder und ihre Eltern
München o. J.

zum Thema: „Spielideen für Zuhause und in der Gruppe“:
Austermann, Marianne/Wohlleben, Gesa, Die pfiffige Murmelbahn. Fröhliche Spiele mit kleinen Kindern
München, 2. Auflage 1993

Münchmeier, Anne Bärbel, Spielen mit Kleinkindern und Babys
Ideen – Anregungen – Spielzeug im Test
Hamburg 1985

zum Thema „Bilderbücher“:
Pousset, Raimund/Hoffmann, Gabriele, Die besten Bücher für ihr Kind. 333 Vorschläge für Eltern
Hamburg 1992

Schaufelberger, Hildegard, Kinder- und Jugendliteratur heute. Themen, Trends, Perspektiven
Freiburg 1990

zum Thema „Spiele mit Werkmaterialien“:
„Öko-Test Ratgeber“ Kleinkinder (hier wurden u.a. auch Fingerfarben getestet)

2.5. Das Kind vom 2. bis zum 3. Lebensjahr

2.5.1. Körperbezogene Spiele/Psychomotorik

„Wenn man 2–3jährige Kinder beobachtet, fällt der starke Betätigungs- und Bewegungsdrang auf ... Die Bewegungen des Kleinkindes sind zunächst noch nicht zielgerichtet (zufällige, weitausholende Mitbewegungen des ganzen Körpers sind häufig zu sehen) ... Aber allmählich, durch Übung und Entwicklung des Zentralnervensystems, fallen diese überflüssigen Mitbewegungen weg, und es entwickeln sich mehr und mehr gesteuerte, zielgerichtete Bewegungen. Gleichzeitig entwickelt das kleine Kind auch die Fähigkeit, Bewegungserfahrungen zu sammeln (Bewegungsgedächtnis).“[47]

Ab dem zweiten Lebensjahr entwickelt das Kind ein Körperschema (Bewußtsein des eigenen Körpers, Konzentration auf bestimmte Körperteile, Erfassen der Körpergrenzen, Vorstellungsbild des Körpers innerhalb des Gehirns). Im Gehirn werden mannigfache Informationen gespeichert, die das Kind später zur Planung und Lenkung seiner Körperbewegungen gebrauchen kann.

„Wenn das Kind ab ca. 1 Jahr das Gehen erlernt, beginnt es etwa mit 2 1/2 Jahren mit dem Laufen (beide Beine sind vom Boden abgehoben). Ebenfalls mit 2 1/2 Jahren lernt das Kind das freie Auf- und Absteigen (flüssiges, sicheres Klettern erst ab ca. 3–4 Jahren). Ab 2 1/2 Jahren schafft das Kind den Niedersprung aus ganz geringer Höhe allein (z.B. von einem flachen Podest oder vom Bordstein). Typisch ist der sog. „Hopse-Sprung“. Dabei werden die Beine nacheinander aufgestellt. Der beidbeinige Absprung bzw. das Überspringen von Hindernissen aus dem Stand ist erst ab dem 4. Lebensjahr möglich.“[48]

Ein wichtiger Abschnitt der Sprachentwicklung liegt zwischen 2 und 3 Jahren. Das Kind beginnt nun, sich einen großen Teil des umfangreichen Sprachsystems anzueignen. Da Sprache und Handlung bzw. Sprache und Motorik in engem Zusammenhang stehen, bieten motorische Spielangebote eine gute Basis für die Entfaltung der sprachlichen Entwicklung.

Im folgenden sind einige motorische Spielangebote für Kinder zwischen 2 und 3 Jahren zusammengestellt. Die Spielvorschläge sind verschiedenen körperlichen Funktionsbereichen zugeordnet. Dabei ist zu berücksichtigen, daß die genannten Anregungen immer meh-

[47] Vgl. Herm, Sabine, Psychomotorische Spiele für Kinder in Krippen und Kindergärten, Berlin 1991, S. 24.
[48] Vgl. a.a.O., S. 25.

rere Sinne ansprechen, obgleich ich sie der Übersicht halber nach Bereichen getrennt aufgeführt habe.

❍ Das eigene *Körperschema* erfahren
Die folgenden Spiele dienen vor allem der Erfahrung der eigenen Körpergrenzen und Bewegungsfunktionen, auch einzelner Körperteile.

Handabdruck
Das Kind legt seine Hand auf ein Stück Papier. Mutter oder Vater umranden die Hand des Kindes mit einem Stift. Man kann auch einen oder beide Füße des Kindes umschreiben oder die Umrisse des ganzen Körpers aufmalen, wenn sich das Kind in voller Länge auf ein großes Stück Tapetenrolle legt. Für einen Handabdruck eignet sich auch eine Form mit Gips. Das Kind drückt seine Hand in die noch weiche Gipsmasse. Wenn diese hart geworden ist, kann es das Bild später anmalen.

Ein Spiel mit der Zauberschnur
Die sog. „Zauberschnur" ist ein dickes, dehnbares Gummiseil, das an beiden Enden Halteschlaufen besitzt. Zwei Erwachsene halten die Schnur in jeweils unterschiedlicher Höhe. Die nun folgenden Spielideen helfen dem Kind, seine Bewegungsmöglichkeiten besser kennenzulernen und sie auf die wechselnde Höhe der Schnur einzustellen: Die Kinder laufen oder gehen unter der Schnur durch auf die andere Seite; sie krabbeln auf allen Vieren unter der nun ganz niedrigen Schnur durch; sie steigen über die Schnur, die jetzt ganz flach am Boden liegt.

Sie recken sich und springen nach der Schnur …

„Pferd- und Reiter-Spiel"
Dazu benötigt man Gymnastikreifen oder Fahrradschläuche (man kann auch eine sog. Pferdeleine aus Stoff oder Leder wählen). Die „Pferdchen" steigen in die Reifen oder Schläuche und laufen mit ihren „Reitern" (Mütter/Väter) durch den ganzen Raum. Die Kinder erfahren ihre Bewegungsmöglichkeiten und -grenzen und empfinden dabei noch viel Freude, besonders, wenn das Spiel von lautem Wiehern oder von „Hüh-Hüh"-Rufen begleitet wird.

Fahrten mit Rollwagen und Rollbrettern …
geben dem Kind sinnliche Informationen über seinen Körper. Das Kind kann den Rollwagen oder das Rollbrett vor sich her schieben, es kann sich draufsetzen und schieben lassen, aber auch hinterher krabbeln oder bäuchlings wie ein Flugzeug auf dem Brett

durch den Raum fahren, wenn es sich dabei mit Armen und Beinen abstößt …

Der lustige Kinderzoo
Schon die Kleinen können sich in Tierrollen hineindenken und ihre Bewegungen der gewählten Tierart anpassen. In Gruppen habe ich immer wieder erlebt, wie sehr Kinder diese Bewegungsspiele lieben. Jemand klatscht in die Hände, und plötzlich werden die Kinder zu Hunden, Pferden, Elefanten oder Vögeln, die fliegen, stampfen, laufen oder durch den Raum kriechen …

Körperstreicheln
Das etwa zweijährige Kind kann Berührungen schon genau lokalisieren. Das Hauterlebnis beim Körperstreicheln ermöglicht ihm zu begreifen, wo sein Körper beginnt und wo er aufhört, und vermittelt ihm eine gefühlsmäßige Bewußtheit.

Wie bei den Massagespielen aus der Babyzeit genießt auch das ältere Kind das Gestreicheltwerden mit Federn und Tüchern oder das Massiertwerden mit den Händen.

❍ Gleichgewicht ausbalancieren
„Das Gleichgewichtssystem ist das Sinnessystem, das auf die Kopfhaltung in bezug zur Schwerkraft der Erde sowie auf verlangsamte oder beschleunigte Bewegung reagiert. … Die Sinnesorgane, die auf den Zug der Erdschwere und auf alle Bewegungen des Kopfes reagieren, befinden sich im Labyrinth des Innenohres.“[49]

Die Auseinandersetzung mit der Schwerkraft hat eine besondere Auswirkung auf das Gehirn und die Verarbeitung von Sinneseindrücken.

Hier einige Spielvorschläge für das Gleichgewicht:

Balancieren auf dem Seil
Mit nackten Füßen geht das Kind an der Hand des Erwachsenen über ein dickes Tau, das auf dem Boden liegt.

Teppichstraße
Man sammelt Teppichfliesen unterschiedlicher Beschaffenheit und legt sie hintereinander auf den Boden – entweder dicht beieinander oder in kleinen Abständen. Auch hier gehen die Kinder mit nackten Füßen diese Teppichfliesen-Straße entlang.

Balancieren auf einer Turnbank …
an der Hand von Mutter/oder Vater

[49] Vgl. Ayres, a.a.O., S. 262.

Spielstraße
Die Eltern bauen eine ganze Spielstraße zum Balancieren, die aus verschiedenen einzelnen Stationen besteht, z.B. in der Reihenfolge: dickes Seil, Gymnastikbank, Kissen, Stühle, Autoreifen usw.

Balancieren auf Bällen
Wasserball, Pezziball: bäuchlings darüberrutschen und ausbalancieren.

Sprossenleiter
wird auf zwei Kästen gelegt: Kinder steigen mit Hilfe der Erwachsenen über die Sprossen

Raumorientierung erfahren:

Alle körperlichen Aktivitäten vollziehen sich in Beziehung zu dem Raum, den man zur Verfügung hat. Das Vermögen, die Dimensionen des Raumes zu erfassen, und die Beziehung des Körpers zum Raum sind Verarbeitungsprozesse, die im Laufe der Zeit gelernt werden. Im Bewegungsspiel erfährt das Kind spielerisch sein Verhältnis zum Raum.

Eine lange Raupe
Das Raupenspiel kann man sehr gut zu passender Musik spielen. Ein Erwachsener bildet den Kopf der Raupe und führt die anderen Mitspieler durch den Raum. Dabei soll möglichst der ganze Raum ausgefüllt werden.

Wenn ich ein Flugzeug wär' ...
... so könnt' ich durch den ganzen Raum fliegen. Die Kinder breiten ihre Arme aus und spielen Flugzeug. Sie geben acht, daß sie dabei niemanden anrempeln. Und natürlich können die Kleinen auch die Rollen wechseln und plötzlich zu Rennautos werden, die mit brumbrum oder tüt-tüt durch den Raum fahren.

Autorennen
Fast in jeder Spielgruppe befinden sich Rutschautos oder Rollkästen (-bretter). Im freien Spiel sind diese Autos nicht immer bei den Eltern beliebt, weil sie oft Anlaß für Auseinandersetzungen zwischen den Kindern sind. Wenn die Gruppe jedoch ganz bewußt ein „Autorennen" inszeniert – und den Raum entsprechend herrichtet, erleben die Kinder ungeahnten Spaß dabei, mit wachsender Geschwindigkeit durch das Zimmer zu fahren. Bei älteren Kindern können die Eltern die Raum-Orientierung noch „erschweren", indem sie Hindernisse aufstellen (Polster, Säcke, große Kartons usw.).

„Hei, mein Fähnchen fliegt geschwind" ...
Die Kinder laufen durch den Raum, z.B. mit Fähnchen, Windrädern oder dicken Rundhölzern, an denen die Eltern Papierstreifen oder bunte Bänder befestigt haben.

„Luftballon-Bett"[50]
Ein Bettbezug wird mit nicht zu stark aufgepusteten Luftballons prall gefüllt. Die Kinder legen sich auf das sog. „Luftballon-Bett", wiegen sich, drehen sich ..., die Luftballons tragen das Körpergewicht!

Fühlen und Tasten: Durch selbsttätige Auseinandersetzung mit der materiellen Welt gewinnt das Kind Erkenntnisse über Materialien verschiedener Oberflächenstrukturen und verschiedener Qualitäten, verschiedener Größe, Form, Schwere ... Die Hand wird zu einem Instrument der Erkenntnis, aus Greifen wird Be-Greifen ...

Tastspiel mit verschiedenen Gegenständen
Unterschiedliche Gegenstände anfassen und abtasten lassen (etwas Weiches, Hartes, Rundes, Leichtes, Schweres).

Die Eltern können auch verschiedene Dinge auf die nackte Haut des Kindes legen, auf Arme, Beine, Bauch, Gesicht ...

Tastbox[51]
Eine Waschmitteltrommel bekommt an zwei Seiten Schlitze, in die jeweils eine Hand des Kindes gesteckt wird. Inmitten der Tastbox liegt ein Gegenstand, den das Kind mit den Händen ertasten darf, z.B. ein Baustein, ein Stofftier ... Meiner Erfahrung nach haben kleine Kinder am Anfang große Schwierigkeiten, die Gegenstände zu benennen. Doch dies ist auch nicht Aufgabe dieses Spiels. Es geht in diesem Alter vielmehr um das Geheimnis des „verborgenen Schatzes", der sich in der Box befindet, und um das Staunen über ein Gefühl, das das Kind beim Hineingreifen erlebt.

Eine Fühlstraße
Die Eltern legen verschiedene Materialien auf den Boden (z.B. ein Tierfell, ein Kissen, Steine, eine Kiste mit Sand, Watte, ein Holzbrett usw. Die Kinder gehen mit nackten Füßen (anfangs noch an der

[50] Vgl. Herm, a.a.O., S. 95.
[51] Vgl. a.a.O., S. 102.

Hand) über die Fühlstraße und dürfen das Gefühl erleben, das die verschiedenen Material-Unterlagen ihnen bereiten.

Fühl- und Tastspiel mit Liedbegleitung

Steine lang – Steine rund   Von einer Gruppenleiterin gelernt (Quelle unbekannt)

Kinder und Erwachsene sitzen im Kreis. Sie haben verschiedene Steine mitgebracht: lange, runde, helle, dunkle, rauhe, glatte, glänzende, matte ... Jedes Kind darf sich einen Stein aussuchen, darf ihn genauer betrachten, ihn anfühlen ...

Dazu das Lied: „Steine lang und Steine rund, schwarz und weiß und kunterbunt ..."

Spielvorschlag:
Bei der Zeile: „Dieser soll mein schönster sein" bzw. bei „tausche ich mit deinem Stein" legt jedes Kind seinen Stein in ein Körbchen, das in der Kreismitte steht. (Bei Liedwiederholung nimmt es sich schnell wieder einen neuen Stein).

Variation: Ähnlich wie „Ringlein, Ringlein, du mußt wandern ..." Die Kinder formen aus ihren Händen kleine Schalen. Die Gruppenleitung geht von Kind zu Kind. Bei: „Dieser soll mein schönster sein" ... läßt sie den Stein in die Hände eines Kindes fallen.

Dinge sehen und erkennen: Die Netzhaut des Auges nimmt Lichtwellen aus der Umgebung auf, die an die optischen Verarbeitungszentren im Hirnstamm weitergeleitet werden. Diese Impulse werden verbreitet und zu anderen Sinnesinformationen, besonders zu denen der Muskeln, Gelenke und zum Gleichgewichtssystem in Beziehung gesetzt.

Meine Hände sind verschwunden
Mit diesem überlieferten Kinderspiel kann man die Hände, aber auch – entsprechend dem Text – die Arme, Beine, Augen, Nase, Mund verdecken, also „verschwinden lassen". Variation: „Der Felix ...", die „Melanie ..." etc. ist verschwunden: ein Kind nach dem anderen versteckt sich hinter dem Rücken der Mutter und kommt am Ende des Liedes schließlich wieder hervor.

Schuhe vertauschen
Jedes Kind zieht einen Schuh aus. Alle Schuhe liegen in der Kreismitte. Wem gehört dieser Schuh?

Ball-Hopsen
(man läßt verschiedene Bälle aufticken und beobachtet ihre Reaktion)

Selbstgebaute „Kugelbahn"
aus Drainageschläuchen oder Brettern

Schwungtücher
(aus Plane oder Folie): damit kann man Wind erzeugen oder Wellen. Man kann auch Luftballons auf das Tuch oder die Folie legen und sie bewegen ...

Genau hinhören: Auf der Ebene des Hirnstammes bestehen Verbindungen zwischen Hören (Hörfähigkeit) und Gleichgewicht bzw. zwischen Hörimpulsen und Eigenwahrnehmung, Tastsinn, Vibrationsreizen.

Hörspiele: *Trommeln*
Die Kinder trommeln in verschiedener Lautstärke auf den Tisch, bzw. sie trommeln in unterschiedlicher Lautstärke auf einer selbstgefertigten Dosen- oder Waschmitteltrommel (die Herstellung einfacher Instrumente wird im Kapitel: „Maxi-Gruppen für Kinder ab 3 Jahren" näher erläutert)

Bewegungsspiel

Kritze kratze

Kritze kratze schleicht die Katze,
kritze kratze schleicht die Katze.
Kommt der Hund gelaufen ...,
fallen alle über'n Haufen!

Die Kinder schleichen auf der Kreislinie vorwärts. Wenn der Hund kommt, laufen sie ganz schnell ..., bei dem Wort „fallen" lassen sich alle auf den Boden fallen

Lautes und leises Singen
Alle Spiellieder und Fingerspiele kann man leise und ganz laut singen oder sprechen. Besonders das laute Sprechen, bis hin zum Schreien – und dann wieder leise werden ... macht den Kindern viel Freude.

Töne verklingen lassen
Insbesondere die Triangel bzw. das sog. „hängende Becken" eignen sich dazu, einem langsam verklingenden Ton nachzulauschen. Besonders unruhige und unkonzentrierte Kinder kommen auf diese Weise schnell zur Ruhe.

Hörrohre, Rufrohre
Von zu Hause alte Papprollen mitbringen (z.B. von Küchenrolle o.ä.). Wenn das Kind durch die Röhre ruft, schallt es besonders laut. Man kann auch die Röhre mit der Hand abwechselnd öffnen und wieder schließen. Das hört sich dann wie Jodeln an.

Sehen, greifen, tasten …, schmecken

Wer kennt das Spiel vom Zauberapfel? „… *Der Zipfel, der Zapfel, ich glaub', das ist ein Zauberapfel …*" Wer den Apfel fängt, darf ihn behalten. Natürlich ist für jedes Kind ein Apfel da. – Man kann den Apfel auch zu dem Spruch mit dem Messer zerteilen, und jedes Kind bekommt ein Stück davon.

❍ Zusätzliche Ideen für Bewegungsräume
- Hängematte im Raum
- Berge und Täler aus Kartons, Waschmitteltrommeln, Autoreifen, Matratzen, Teppichen …
- Styroporkissen: Styropor zerkleinern und in ein Kopfkissen füllen
- Schmuseecken im Raum (z.B. in großen Kartons oder durch Leinen und Decken, womit man den Raum abteilt)

Matten-Boote[52]
Aus einer Matte entsteht ein Schaukelboot, indem die Matte längs zusammengebogen und zwei Holzreifen an den Enden aufgeschoben werden.

Schaukelröhre: Matte von der Querseite ganz zusammenrollen und in zwei Reifen schieben. Das Gleichgewichtszentrum wird durch die Schaukelbewegung angeregt!

Kugelkiste
Diese Spielidee findet sich heute in vielen Kaufhäusern und Einkaufszentren, wo Kinder in Abwesenheit ihrer Eltern stundenweise betreut werden. Die Freude der Kinder an dieser Einrichtung ist nicht zu übersehen. Auch in Eltern-Kind-Gruppen läßt sich eine solche Kugel- oder Ballkiste herstellen. Man wählt hierzu am besten ein aufblasbares Plantschbecken, einen großen Karton, eine leere Sandkiste oder ähnliches. Viele Eltern haben zu Hause Plastikbälle, die sie einmal irgendwo als Werbegeschenk erhielten. Also: Bälle sammeln!

Die Kiste sollte mindestens so voll sein, daß die Kinder bis zum Bauchnabel in den Bällen versinken können.

2.5.2. Fingerspiele und weitere Kreisspiele

Der Milchtopf — überliefert

In der Küche auf dem Tisch
steht ein Topf mit Milch, ganz frisch.

mit einer Hand einen Topf formen

Katze will sich dran erlaben,
möchte von der Milch was haben,
steckt das Köpfchen in das Töpfchen
und trinkt und trinkt …

mit der anderen Hand eine Katze spielen, die angeschlichen kommt und das Köpfchen in das Töpfchen steckt und trinkt …

O weh! Das Köpfchen geht nicht mehr in die Höh!
Mit dem Töpfchen auf dem Köpfchen
läuft die Katze in den Schnee
und zieht und zieht …

[52] Vgl. Herm, a.a.O., S. 156.

<u>Schlußlied</u>

Aus meiner Zeit als Erzieherin

Die Uhr schlägt <u>bum</u>!
Die Zeit ist <u>um</u>.
Das Spiel ist <u>aus</u>.
Wir gehn nach <u>Haus</u>.

Auf Wiedersehn, auf Wiedersehn,
wir müssen jetzt nach Hause gehn.
Die Uhr schlägt <u>bum</u>!
Die Zeit ist <u>um</u>.

Die Kinder singen den Text. Zu den unterstrichenen Textstellen schlagen sie die Hände fest aneinander. Man könnte hier auch ein Glockenspiel, eine Triangel, ein „hängendes Becken" verwenden!

<u>Taubenhaus</u>

überliefert

Die Kinder hocken als Täubchen auf der Erde, die Eltern bilden ringsum einen Kreis.
Die Täubchen schwirren hinaus durch den Raum ... Schließlich kehren sie heim und setzen sich wieder auf den Boden in der Kreismitte.

Ziehharmonika

überliefert

Im Kreis: Alle fassen sich an und gehen zu den ersten beiden Liedzeilen in die Kreismitte und zurück (wiederholen). Bei „sie spielt uns immer wieder die allerschönsten Lieder ...“ Beine schwingen: rechtes Bein vor dem linken zur Seite ... linkes vor dem rechten zur Seite ... Wiederholung der ersten beiden Zeilen, dazu in die Kreismitte gehen und wieder zurück. Wiederholung des ganzen Spiels: „Wir dreh'n uns um!“ ... und nun gehen alle rückwärts in die Kreismitte ... usw.

Ich bin ein kleiner Esel

überliefert

Kinder und Eltern gehen hintereinander. Sie „wackeln“ bei der entsprechenden Textstelle mit dem Hinterteil. Bei „i-a, i-a …“ wenden sie sich zur Kreismitte und verbeugen sich.

August Fridolin

überliefert

2. Und meine Frau heißt Wulliwisch.
   Sie schwimmt im Wasser wie ein Fisch.
   Wadi …

3. Wir haben auch noch Kinderlein,
   die wackeln lustig hintendrein.
   Wadi …

4. Und wollt ihr uns ’mal wackeln sehn,
   dann müßt ihr in den Zirkus gehn.
   Wadi …

Bei Wadi wapp … werden die Hände rechts und links der Oberschenkel zu Flügeln aufgestellt … die Füße zeigen nach außen (X-Beine) … der Pinguin watschelt auf der Stelle oder durch den Raum.

„Es ging ein Zwerg“ überliefert

Es ging ein Zwerg im Grase, so-so-so.	*Vorsichtig im Kreis gehen*
Es ging ihm bis zur Nase, so-so-so.	*Hände an die Nase halten*
Da hob er seine Beine, so-so-so,	*Beine hochziehen beim Gehen*
und stand auf einem Steine, so-so-so.	*Auf Zehenspitzen stehen*
Das Zwerglein steht auf einem Bein	*Auf einem Bein im Kreis*
und hüpft im Kreis herum,	*herumhüpfen*
auf einmal macht es – bumm!	*Hinfallen*

2.5.3. Werken mit allerlei Materialien

Das zwei- bis dreijährige Kind behandelt Werk-Materialien zusehends spezifischer (ihrem Zweck, ihrer Eigenschaft gemäß). Aber auch in dieser Phase dominieren die Funktionsspiele, die noch nicht auf eine bestimmte Darstellung, d.h. die reale Abbildung von Gegenständen zielen.

Es muss noch einmal eindringlich davor gewarnt werden, von Kleinstkindern vorgedachte Produkte und Ergebnisse zu verlangen: Ebenso muss gewarnt werden vor der zu frühen Gleichschaltung erwarteter Aktivitäten in der Gruppe:

❍ Kneten/Modellieren
– *mit Ton:* er wird geknetet, auseinandergepflückt, geschlagen, flach geklopft, später eventuell von den Kindern mit Mustern versehen, geteilt, gerollt usw.

– *mit weichem Knetgummi:* bei kleinen Kindern ist darauf zu achten, daß die Knetmasse leicht formbar ist. Hartes Knetgummi, das lange Zeit weich geknetet werden muß, ist ungeeignet.

– *Salz-Mehl-Teig:*

Rezept a)
2 Tassen Mehl
1 Tasse Salz
1 Tasse kaltes Wasser

Rezept b)
3 Tassen Mehl
1 Tasse Salz
1 Tasse Wasser
1 Eßl. Öl

Rezept c)
2 Tassen Salz
2 Tassen Mehl
1/2 Löffel Tapetenkleister in Pulverform
1 Tasse Wasser

❍ Bauen/Montieren

Im vorangegangenen Kapitel (Kinder vom 1. bis 2. Lebensjahr) habe ich bereits einige grundsätzliche Bemerkungen zum Thema „Bauen" gemacht und auch entsprechende Material- und Spielvorschläge – besonders in Richtung „Zweckentfremdung" von Haushaltsgegenständen für kindliche Bauaktivitäten – unterbreitet. Diese Bau- und Experimentiermaterialien können selbstverständlich auch im folgenden weiter verwendet werden.

Darüber hinaus soll es nun jedoch auch um Bausteine, Baukästen, Bausätze und Stecksysteme gehen, die ursprünglich von ihrer Funktion und Zweckbestimmung her als Baumaterial konzipiert worden sind:

„Fröbel empfahl z.B. als erste Spielgabe den Ball, dann die Kugel (symbolhaft für Erde und Planeten), später die Walze, den Würfel und schließlich – ab dem 3. Lebensjahr – den ersten einfachen Baukasten."[53]

Als erste Bausteine wählt man am besten Würfel, da sie standfest sind und sich relativ leicht zu einem Turmbau übereinandersetzen lassen. Frühkindliche Bauwerke bestehen in der Regel darin, daß Steine in einer Reihe nebeneinandergelegt, aufeinandergetürmt oder zu Blöcken verarbeitet werden (letztere bestehen aus aufeinandergesetzten Reihen). Komplizierte Konstruktionen wie Brücken, Rundbauten oder ganze Anlagen (Stadt, Zoo ...) finden sich erst beim älteren Kindergartenkind.

Die Erfahrung des Einstürzens ist – wie bereits an anderer Stelle erwähnt – für das kleine Kind nicht frustrierend, sondern bereitet ihm unter Umständen mehr Freude als das Turmbauen selbst. Erst wenn das Kind die Möglichkeit des Zusammenstürzens richtig erfahren und ausgekostet und experimentell Wege gefunden hat, das Umfallen der Steine durch geschickte Bauweise zu verhindern, können Baumaterialien angeboten werden, die in einer Art Stecksystem den Bauwerken Halt und Standfestigkeit verleihen (Duplosteine, später Nopper, Matador usw.).

AUCH HIER GILT DER GRUNDSATZ: DEM KIND NICHTS VORBAUEN, IHM NICHT HELFEN, ES NICHT KRITISIEREN!

Montieren bedeutet in diesem Zusammenhang das Zusammenfügen von Gegenständen und Materialien zu Bildwerken im Rahmen des bildnerischen Gestaltens.

[53] Vgl.: Schmutzler, Hans-Joachim, Fröbel und Montessori. Zwei geniale Erzieher – Was sie unterscheidet, was sie verbindet, Freiburg, 2. Auflage 1994.

Dazu einige Ideen:
❍ leere Schachteln sammeln und etwas daraus bauen (mit Hilfe des Erwachsenen können einzelne Teile zusammengeklebt werden)
❍ Papier zerreißen und mit Kleister aufkleben, z.B. Transparentpapier, Zeitungspapier, Geschenkpapier, Goldpapier ...
❍ Stoffreste aufkleben
❍ vorgebohrte Kastanien oder dicke Perlen, Knöpfe, Styroporkugeln mit Draht oder dicker Schnur auffädeln (als Kette oder Schlange verwenden)
❍ in Eierkartons Salz-Mehl-Teig geben, kleine Stöcke, Steine, Tannenzapfen hineindrücken
❍ gesammelte Herbst-Blätter aufkleben
❍ Eimer mit Sand füllen und einen „Garten" anlegen. Der Garten kann mit kleinen Tieren oder Püppchen geschmückt werden
❍ aus dicken Pfeifenreinigern lustige Formen biegen
❍ alte Warenhauskataloge ansehen, Bilder herausreißen oder schneiden, eventuell aufkleben
❍ ältere Kinder können bereits eine Schere in die Hand nehmen und kleine Ecken abschneiden oder das Papier streifenweise einschneiden
❍ Transparentpapier zerreißen und Schnipsel mit Kleister auf Marmeladengläser kleben – in Herbst und Winter als Laterne verwenden
❍ aus Bierdeckeln lange Reihen legen oder einfache „Häuser" daraus bauen

Der gute Tip!

Knete „Marke Eigenbau"

Knete-Rezept:
Man nehme
400 g Mehl
200 g Salz
2 Eßl. Alaunpulver (ca. 11 g, Apotheke)
(oder 2 Teel. Weinsteinsäure)

Diese Zutaten vermengen. Dann gibt man 0,5 l kochendes Wasser (eher weniger), 3 Eßl. Speiseöl und 1 Messerspitze Lebensmittelfarbe (Drogerie) hinzu und vermengt alles gründlich mit einem Handrührgerät. Ist das ganze noch zu trocken, kann noch etwas Öl nachgegeben werden. Diese Knete hält ca. sechs Monate, wenn sie nach dem Gebrauch immer luftdicht verpackt und möglichst im Kühlschrank aufbewahrt wird.

Das Spiel mit selbstgemachter Knete bereitet den Kleinen viel Spaß. Die Masse aus Salz und Mehl läßt sich in Kinderhänden leicht formen. Kleinkinder klopfen häufig die Knetmasse mit der ganzen Handfläche zu einer dünnen Teigplatte oder zerpflücken das Material in kleine Stücke, die sie oftmals nebeneinander aufreihen.

Malen mit Fingerfarbe auf einer Tapetenrolle. In diesem Alter sind die eigenen Finger besser als jeder Pinsel. Kinder sind kleine Künstler. Nur sie selber kennen die Geheimnisse ihrer Werke.

Farbige Schulkreide – einige Stunden in Zuckerwasser gelegt – ergibt die besonders leuchtende, farbintensive „Zuckerkreide". Das Material ist geschmeidig, gut deckend und läßt aquarellähnliche – z.T. transparente – Bilder entstehen.

❍ Malen mit:
- Fingerfarbe, die man entweder selbst fertigt oder kauft
- Kleisterfarbe (Kleister anrühren und mit Farbpulver mischen)
- dicken Wachsmalblöcken
- Murmeln

So entstehen „Murmel-Bilder“

„Murmel-Bilder“ sind eine ideale Verbindung zwischen Spielen und Gestalten. Die Kinder benötigen dazu mehrere Murmeln oder andere Kugeln, Deckel von Schuhkartons, Käseschachteln oder ähnliches. In den Deckel wird jeweils ein zugeschnittenes Papier entsprechender Größe gelegt. Nun taucht man eine Kugel in flüssige Farbe – z.B. Wasserfarbe, Tempera-Farbe etc. –, legt sie auf das Papier im Deckel und läßt sie von einer Seite zur anderen rollen, indem man den Deckel jeweils schräg hält. Die Kugel erzeugt interessante Farbspuren. Kinder können dies mit mehreren Kugeln und verschiedenen Farben mehrfach wiederholen.

❍ Zeichnen mit:
- Wachsmalstiften
- Dicki-Buntstiften (äußerst dicke Buntstifte)
- Tafelkreiden (auf Papier oder auf der Wandtafel)
- selbst gefertigter Zuckerkreide

So entsteht Zuckerkreide im Handumdrehen

Die Herstellung von Zuckerkreide ist eine reizvolle Aufgabe für Eltern. Bilder aus Zuckerkreide sind leuchtend und ausdrucksstark. Farbige Schulkreide wird in kleine Stücke geteilt und mit einer Tasse Wasser und ca. 3–4 Eßl. Zucker über mehrere Stunden eingeweicht. Als Untergrund für das Zeichnen werden unterschiedliche Papiersorten verwendet, z.B. Tonpapier, Plakatkarton o.ä.

2.5.4. Rollenspiele

Im Alter von 2–3 Jahren vertieft sich das Kind bereits in unterschiedliche Rollenspiele. Zwar sind sie noch nicht so ausdauernd und organisiert wie bei älteren Kindern, doch lassen Engagement und Spielfreude der Kleinen nichts zu wünschen übrig. Allerdings werden die Rollen oftmals eher nebeneinander als miteinander ausgeübt. Durch Bereitstellen von Rollenspiel-Materialien und Schaffen von Spielräumen, die Impulscharakter besitzen, werden solche Spiele initiiert und weiterentwickelt. Neben den meisten ohnedies vorhandenen Puppenspiel-Ecken – mit entsprechenden Materialien ausgestattet – können folgende Spielmaterialien zu Impulsen für Rollenspiele werden.

❍ Puppen-Badefest
Jedes Kind bringt eine Badepuppe von zu Hause mit. Im Raum gibt es Badewannen, Badeschaum, Handtücher, Creme, usw.

❍ Baby-Wickeln
Baby-Puppen werden gewickelt. Hierzu benötigt man z.B. Papiertaschentücher, verschiedene Windeln, Nabelband, Puder, Creme usw.

❍ Große Wäsche
Puppensachen waschen und aufhängen – besonders reizvoll sind dabei die Wäscheklammern.

❍ Der Arzt kommt
Plastikspritzen, Verbandsmaterial, Fläschchen, Dosen, Deckel, ein Hörrohr ... dazu Puppen oder Kinder, die sich verarzten lassen ...

❍ Puppen-Essen
Aus Möhren, Äpfeln, Haferflocken, Bananen ... ein Puppen-Essen zubereiten ... Natürlich essen die Kinder mit.

❍ Spülen
Das Plastik-Puppengeschirr aus dem Spielzimmer wird gereinigt. Dazu braucht man Plastikschüsseln, Spülmittel, Bürste, Trockentücher.

❍ Bügeln
mit einem Stück Holz oder einem Spielzeugbügeleisen

❍ Spielen mit der Kinderkasse

❍ Tisch decken
z.B. vor einem Frühstück im Gruppenraum

❍ Straßenreinigung
Abfälle im Raum beseitigen – z.B. nach einer Werkarbeit – dazu Rutschautos benutzen, Lastwagen, ein Besen usw.

❍ Auto-Waschen
Spielzeug-Autos im Raum waschen

❍ Baustelle
Lastautos werden mit Bausteinen beladen
usw.

Bei den Rollenspielen sollte die Gruppenleitung darauf achten, daß kein geschlechtsspezifisches Rollenverhalten eingeübt wird (z.B. Mädchen waschen ihre Puppen, Jungen beladen ihre Autos).

Impulse für die Erwachsenenbildungs-Arbeit:

- Rollenspiele der Kinder beobachten
- Rollenspielinhalte diskutieren (z.B. Kind schlägt Puppe)
- Interaktionen der Kinder untereinander beobachten
- geschlechtsspezifisches Rollenverhalten diskutieren (Ursachen, Hintergründe, Möglichkeiten der Veränderung)

2.5.5. Bilderbücher

Nun ist die Zeit der sog. Szenen-Bilderbücher bzw. Bild-Geschichten gekommen.
- Szenen-Bilderbücher stellen ganze Szenen dar (z.B. eine Küche mit verschiedenen Personen, einen Spielplatz usw.). Dabei geht es jedoch nicht um eine zusammenhängende Geschichte, allenfalls um ein gemeinsames Thema. Text muß nicht vorhanden sein.
- Bild-Geschichten bestehen aus einer Erzähl-Handlung. Die Kinder müssen in der Lage sein, sich auf den Fortgang der Handlung zu konzentrieren und den Handlungsstrang zu erfassen (um was geht es in der Geschichte?)

Während Elementar- und Szenenbilderbücher für jüngere Kinder geeignet sind, gewinnen mit zunehmendem Alter die zusammenhängenden Bild-Geschichten an Bedeutung.

Hier einige Titel für die 2–3jährigen Kinder:

Haen, Wolfgang de, Fühl mal
Ravensburg, 6. Auflage 1993

Hoban, Russell, Fränzi geht schlafen
Aarau-Frankfurt, 9. Auflage 1989

Kerr, Judith, Mog und das Baby
Ravensburg, 9. Auflage 1992

Lionni, Leo, Cornelius
Köln, 6. Auflage 1990

Gespräche unter den Erwachsenen

Neben den bekannten Themen wie Spielzeug, Bücher, Kinderkrankheiten, Haushalt, Beruf ... und immer wieder Sauberkeitserziehung ... werden in den Gruppen u.a. folgende Themen besprochen:

- Trotzalter
- Verhalten bei kindlichen Trotzausbrüchen
- geschlechtsspezifisches Rollenverhalten (angeboren, erlernt?)
- Sprache, Sprachentwicklung
- Ordnung, Aufräumen, Körperpflege
- Selbständigkeit des Kindes (was kann es schon allein?)
- Fernsehen
- das Fragealter (welche Antworten auf Kinderfragen)
- kindliche Kreativität: Besonderheiten beim Malen und Werkeln
- Bewegungsräume (Wohnung, Spielplatz, Turnverein); Besonderheiten in der Motorik
- allgemeine Beobachtung des Kindes in der Gruppe
- Planung von Gruppenaktivitäten
- Gefühle der Eltern/der Gruppenleitung (natürlich auch der Kinder ... ihre Bedürfnisse, Signale)

Literatur

zum Thema „Bewegung/Psychomotorik":
Herm, Sabine, Psychomotorische Spiele für Kinder in Krippen und Kindergärten
Berlin, 9. Auflage 1993

zum Thema „Fingerspiele/Kreisspiele":
Cratzius, Barbara, Noch mehr Fingerspiele und andere Kinkerlitzchen
Hamburg 1989

zum Thema „Werkeln, kreative Materialerfahrung":
Hoffmann-Pieper, K./Pieper, K. J., Basteln ohne Gift
Hamburg 1991

zum Thema „Trotzalter/Machtstreben von Kindern":
Prekop, Irina, Der kleine Tyrann. Welchen Halt brauchen Kinder?
München, 15. Auflage 1993

zum Thema „Kinderfragen":
Schuster-Brink, Carola, Kinderfragen kennen kein Tabu
Ravensburg, 3. Auflage 1992

2.6. Maxi-Gruppen für Kinder ab 3 Jahren (ohne Kindergartenplatz)

Maxi-Gruppen sind für Kinder ab 3 Jahren gedacht, die noch keinen Kindergartenplatz gefunden haben. Die Kurszeit ist länger als die der Eltern-Kind-Gruppen für jüngere Kinder (ca. 3 Std.).

Maxi-Gruppen sind oftmals eine Art „Sammelbecken" für Kinder aus unterschiedlichen Eltern-Kind-Gruppen, die inzwischen „zerfallen" sind, weil die anderen Kinder bereits einen Kindergarten besuchen. Dieser „Restbestand" formiert sich dann häufig zu einem neuen Kurs: dem sog. Maxi-Club für ältere Kinder.

Maxi-Gruppen stehen unter dem direkten Postulat der Vorbereitungszeit auf den Kindergarten und einer möglichen Erleichterung auftretender Eingewöhnungs- und Umstellungsschwierigkeiten. Die Maxi-Gruppen müssen in Kursaufbau und Kursablauf dem wachsenden Unabhängigkeits- und Verselbständigungsstreben der Kinder Rechnung tragen.

Nach oft langjähriger Zugehörigkeit zu einer feststehenden Eltern-Kind-Gruppe wird hier jetzt eine Neuorientierung und Umstellungsleistung erforderlich. Kinder und Erwachsene treffen meist neue Kinder und Eltern und in der Regel auch eine neue Kursleitung, die ihren eigenen Stil hat und vielleicht ganz neue Prioritäten setzt. Die geforderte Anpassung und Neuorientierung läßt sich in gewisser Hinsicht mit dem bevorstehenden Kindergarteneintritt vergleichen. Auch hier trifft das Kind auf ihm vorher unbekannte Personen.

2.6.1. Separate Tätigkeiten von Kindern und Erwachsenen

Das dreijährige Kind kann längere Zeit völlig auf die Gegenwart der Mutter verzichten (zumindest in vertrauter Umgebung). Es nähert sich auch fremden Objekten zusehends ohne den Schutz einer Bezugsperson. Dementsprechend wird in Maxi-Gruppen eine wachsende Separierung von Kindern und Eltern vorgenommen – und dies möglichst stufenweise:

- im Raum gibt es z.B. einen separaten Elterntisch (Gespräche/Diskussionen, manuelle Tätigkeiten, Beobachtung ...)
- es könnte z.B. auch ein separates Eltern- und Kinderfrühstück geben
- zusehends benutzen die Eltern einen Nebenraum, um dort eigenen Aktivitäten nachzugehen (Fest vorbereiten, Frühstück machen, Film ansehen, Spielzeug reparieren, neue Bilderbücher begutachten, Spielzeugkataloge wälzen und über Spielzeug diskutieren usw.)

❍ in solchen Gruppen wären auch 2 GruppenleiterInnen angebracht, z.B. eine(r) für die Kinderbetreuung und eine(r) für die Elternbildungsarbeit. Es wäre auch denkbar, daß einige Eltern die Kinderbetreuung abwechselnd übernehmen.

2.6.2. Kooperative Spiele

Während jüngere Kinder vornehmlich allein bzw. parallel neben anderen Kindern spielen (manchmal auch bloß anderen Kindern zuschauen), sind Dreijährige zu ersten kooperativen Spielen fähig. Kooperative Spiele nehmen nach der Vollendung des 3. Lebensjahres sprunghaft zu (z.T. schon organisierte Tätigkeit, zunehmende Kontaktaufnahme und Interaktion mit anderen Kindern, Erweiterung sozialer Verhaltensmuster).

Durch entsprechend ausgewählte Kursmaterialien können kooperative Spiele angeregt werden:
❍ Landschaft aus Matratzen und Hüpfkissen (gemeinsam hopsen, rollen usw.)
❍ Angel-Spiele
❍ Riesenbilderbuch (gemeinsam betrachten)
❍ Bauteppich: Holzeisenbahn, Spielhäuser, Holztiere, Bausteine usw. (gemeinsam eine kleine Stadt bauen)
❍ Kugelbahn (abwechselnd Kugel einwerfen)

2.6.3. Rollenspiele

Vom 2. Lebensjahr an treten die Funktionsspiele (Materialerfahrung) mehr und mehr gegenüber den Rollenspielen und Konstruktionsspielen zurück. Am Rollenspiel wird ein Merkmal des Spiels besonders deutlich, das Heckhausen die „Quasi-Realität" des Handelns nennt (Wirklichkeit wird im Spiel nachgeschaffen). Dadurch kann das Kind selbst phantasievoll-schöpferisch tätig sein. Das Kind erlangt im Rollenspiel jedoch nicht nur Kenntnisse und Erfahrungen über seine Umwelt. Es übernimmt und erprobt auch unterschiedliche soziale Verhaltensmuster.

Rollenspielangebote in den Maxi-Gruppen:
❍ sogenannte „Verkleidungskiste" mit Hüten, Taschen, Schals, Tüchern, alten Schuhen, Schaffnermütze, Arztkittel usw.
❍ Arztkoffer mit Verbandsmaterial
❍ Puppengeschirr (Kaffeegeschirr, Eßgeschirr, Töpfe, Pfannen ...)

❍ kleine Badewanne zum Puppenbaden/Material zum Puppenwickeln
❍ Telefon
❍ Puppenwagen, Puppenbett, Besen, Handfeger, Holzbügeleisen
❍ Kaufladenspiel (mit Spielkasse, Spielgeld, selbst modellierten Lebensmitteln, alten Dosen, Schachteln, Töpfchen, Rosinen, Haferflocken usw.)

Wie auf Omas Dachboden: Die Verkleidungskiste regt zum Rollenspiel an. Wenn noch ein großer Spiegel zum Betrachten vorhanden ist, haben die Kinder noch mehr Freude.

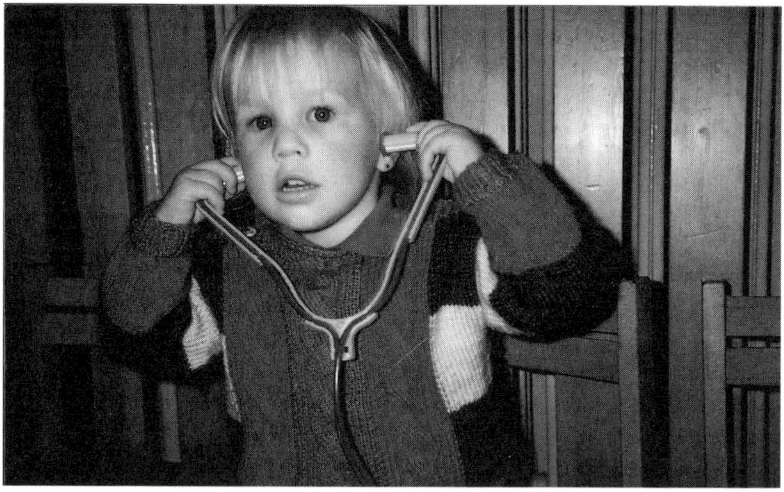

„Mal' hören, ob du krank bist ..." Der Arztkoffer regt die Kinder an, ein kleines Rollenspiel zu organisieren.

2.6.4. Konstruktionsspiele

„Konstruktionsspiele gehen aus den Funktionsspielen des ganz jungen Kindes hervor. Das ältere Kind – in diesem Falle das 3jährige – richtet jetzt sein Interesse auf die Herstellung eines bestimmten Werkes. Während das kleine Kind häufig nur ‚Zufallsprodukte' produziert, kommt das 3jährige bereits dazu, von vornherein eine bestimmte Absicht zu verwirklichen. Zunehmend ist es in der Lage, sein Werk zu benennen, doch beziehen sich diese Bezeichnungen oft noch nicht auf eine Übereinstimmung mit einem realen Vorbild und werden häufig verändert (im Spielverlauf). Nach dem Stadium wechselnder Benennung ... kommt das Kind dann mehr und mehr dazu, von vornherein eine bestimmte Absicht zu verwirklichen. Zusehends vergrößert sich die Ziel-Perspektive."[54]

Wichtig ist, daß dem Kind Spielmaterial angeboten wird, das seine Kreativität anregt und unterschiedliche Spielvariationen zuläßt.

Hier einige Materialvorschläge:

❍ Schachteln/Dosen/Becher
eine Stadt, einen Zug, Autos, Tiere etc. bauen und später zusammenkleben (die Kinder bestimmen selbst das Ergebnis)

❍ Stoff/Wolle
Wollfäden und Stoffreste aufkleben, z.B. mit Kleister

❍ Sand
– Sandkastenspiele draußen (Stadtpark/Kinderspielplatz)
– Sand mit Tapetenkleister mischen, in einen Dosendeckel geben oder auf Hartfaserplatte streichen, Gegenstände hineindrücken (z.B. Muscheln, Steine ...)

❍ Eierkartons
z.B. Schiff daraus bauen, Toilettenrolle als Schornstein ..., Schnur befestigen, Schiff fahren lassen

❍ große Wattekugeln
Gesicht aufmalen, Haare aufkleben, Rundholz hineinbohren, Stoff umhängen, fertig ist die Stabpuppe

❍ Nudeln
auf einen Draht aufziehen (Kette), ebenso Knöpfe, Plastik-Trinkhalme usw.

[54] Vgl. Nickel, Horst, a.a.O., S. 194.

❍ Kastanien, Eicheln
vorbohren, mit Draht zu einer Schlange oder Kette auffädeln

❍ Blätter
sammeln, aufhängen, aufkleben, fliegen lassen

❍ Äste, Zweige, Stöcke
sammeln und in Ton oder Kitt stecken (Zauberwald) – auch Moos und Beeren dazu oder Baumrinde ... kleine Landschaft bauen.

❍ Steine
sammeln, fühlen, tasten, bemalen

❍ Muscheln
fühlen, tasten (in ein Sand-Kleister-Gemisch drücken, hart werden lassen)

❍ Korken
mit Farbe einstreichen und als Stempel verwenden

❍ Rosinen
mit Draht durchstecken und zu einem Kranz zusammenfügen. An Geschenkband aufhängen.

❍ Pappteller
mit Papierschnipseln bekleben, eventuell Gesicht aufmalen, Haare aus Luftschlangen etc.

❍ Luftballons
Gesicht aufkleben, Füße aus Pappe (Fußumrisse des Kindes) ... Knoten des Luftballons durch Schlitz zwischen den Füßen ziehen!

❍ Salzteig
kneten, formen, auswalzen ... Gegenstände hineindrücken, Obst modellieren (Kaufladen)

❍ Ton
nach Materialerfahrungsphase: Walzen oder Kugeln formen ... verändern, neue Dinge „zaubern", kleine Szenen spielen (z.B. eine Schlange trifft eine Maus)

❍ Gips
einen großen Deckel mit Gips ausgießen und kindliche Hand in den Gips drücken. Trocknen lassen. Hand später anmalen.
Oder: In den Gips Materialien drücken!

❍ Kleister
Bilder mit Kleister einstreichen und Gegenstände aufkleben (Blätter, Gräser, Konfetti ... usw.)
Farbpulver oder Fingerfarbe auf den Kleister geben, verteilen – mit Gegenständen wie Gabel, Kamm, Schaber usw. Muster hineinritzen ...

❍ Kitt
Kitt in Schraubgläser-Deckel geben und Gegenstände hineindrücken, z.B. Linsen, Bohnen usw.

❍ Holz
Die Eltern schlagen Nägel in ein Holzbrett (nicht zu weit!); Kinder können sie mit einem Hammer weiter hineinschlagen (auch Schrauben eindrehen). Man kann zwischen den Nägeln auch Bänder/Gummis etc. spannen.

❍ Kreide
mit Kreide auf Tafel oder schwarzes Papier malen

❍ Watte
aufkleben (z.B. als Schneeflocken), fliegen lassen usw.

❍ Papier
Zeitungspapier (z.B. Schiffe falten und fahren lassen), Kreppapier, Glanzpapier, Transparentpapier, Goldfolie, Geschenkpapier zu Collagen verarbeiten. Kinder reißen Papier in kleine Stücke und kleben diese auf.

❍ Wachsmalstifte, Wachsmalblöcke
Wachsbatik: Transparentpapier bunt bemalen und von der Rückseite bügeln (für Martinslaternen zu verwenden)
Ein Phantasiebild aus Wachsmalerei kann entstehen.

❍ Fingerfarben
mit einem Finger malen, mit der ganzen Hand, mit einzelnen Fingern drucken, mit der ganzen Hand drucken ...

❍ Wasserfarben
Dreijährige können schon den Umgang mit einem Pinsel erlernen und mit mehreren Farben gleichzeitig malen (Pinsel jeweils auswaschen usw.). Man kann auch das Blatt anfeuchten und die Farben frei laufen lassen.

❍ Kartoffeln
halbieren und als Stempel verwenden (eventuell zusammen mit Korken)

❍ Theaterschminke
fertig gekauft oder selbst angerührt (Hobbythek-Rezept) – Kinder bemalen ihr Gesicht vor einem Spiegel (nicht nur zu Karneval!)

❍ Gras- und Kressesamen
im Frühling: Gras oder Kresse aussäen und Wachstum beobachten (dazu eventuell Blumentöpfe anmalen!)

Auch als Osternest zu verwenden.

❍ (Oster-)Eier
auf Schaschlikspieß aufspießen (oben und unten Korkenscheibe)
- mit Papierschnipseln bekleben
- Batik (Kerzenwachs auf das Ei tropfen, anschließend in Farbe tauchen)
- mit Fingerfarbe bemalen

❍ Marmeladengläser
Gläser mit Transparentpapier bekleben und in der Advents- und Weihnachtszeit als Tischlaternen verwenden

❍ Metallfolie
mit einem Schaschlikspieß Löcher in die Folie drücken (Folie liegt auf weicher Unterlage, z.B. Handtuch) – die Löcher müssen ganz durchgestanzt sein –, Enden der Folie zusammenkleben und als Laterne verwenden.

❍ Back-Teige
z.B. Mürbeteig (Plätzchen ausstechen oder Anhänger für den Weihnachtsbaum), Hefeteig für Osternester

❍ Äpfel und Nüsse
aus jeweils einem Apfel und einer Nuß ein „Apfelmännchen“ gestalten.

Eine fröhliche „Schnipselei“

In der dunklen Jahreszeit werden hinter die Transparente viele Teelichter gestellt.

2.6.5. Psychomotorische Spiele

Psychomotorische Spiele und Geräte fordern die Stimulation der Wahrnehmungssysteme heraus. Auch im 3. Lebensjahr (Maxi-Gruppen) gehen die Anpassungsreaktionen eher von den Muskeln als vom Verstand aus. Die Kinder sind immer noch mehr motorisch als geistig konzipiert. Wenn die Kinder älter werden, ersetzen die geistigen und sozialen Reaktionen einen Teil der sensomotorischen Aktivität. Trotzdem sind geistige und soziale Funktionen auf sensomotorischen Prozessen aufgebaut.

Beispiele für psychomotorische Geräte und Spielideen:

❍ Das Rollbrett
Holzbrett, ca. 35 x 55 cm, auf dessen unterer Seite 4 Rollen angeschraubt sind. Es ist gepolstert (Teppich, Matte), damit das Liegen in der Bauchlage („Flugzeug-Haltung") bequem ist. Die Kinder fahren durch den Raum oder eine Rampe herunter (z.B. großes Holzbrett, auf dem eine feste Gymnastikmatte liegt).

In der Bauchlage auf dem Rollbrett werden bestimmte Schwerkraftrezeptoren stimuliert. Kinder können auf dem Brett auch knien oder sitzen. Der Anschwung erfolgt durch Abstoßen an der Wand, die Richtungssteuerung wird mit den Händen vorgenommen.

Fahren in der Bauchlage:
- Rampe herunterfahren
- Hindernisse umfahren
- Durch Tunnel fahren (Tische ...)
- sich schieben oder ziehen lassen
- Autoreifenschlauch auf Rollbrett legen

Eltern können:
- ein Rollbrett für ihr Kind selbst bauen (dicke Sperrholzplatte, auf der Polster oder Teppichstücke befestigt werden. Räder kann man in Heimwerkermärkten kaufen und selbst anschrauben)
- man könnte mit dieser Rollbrett-Werkaktion auch einen ganzen Elternabend oder Elternnachmittag – mit Kindern – gestalten!

❍ Das Pedalo, ein typisch psychomotorisches Spielgerät
Es erfordert eine hohe Anpassungsleitung der Gesamtmotorik. Das Gleichgewicht muß auf dem Trittbrett ständig ausbalanciert werden. Deshalb eignet sich das Pedalo *nicht* für Kinder unter 4 Jahren!

Hilfen für jüngere Kinder beim Pedalo-Fahren:

- z.B.: auf „allen Vieren“ fahren
- Wand oder Sprossenwand als Stütze benutzen
- mit Erwachsenen als Stütze fahren

❍ Petzi-Bälle/dicke Kunststoffbälle
- Ball rollen, werfen, prellen
- auf Ball sitzen
- auf Ball federn
- über Ball hinwegrutschen

❍ Wackelbretter
Sie haben ein geschwungenes, bauchiges Unterteil. Man kann auf ihnen wippen, wackeln, sich hin und her wiegen, balancieren ...

❍ Röhren, Rollen
– Röhren aus Gymnastikmatten bauen (Matten zusammenrollen und mit Bändern und Seilen befestigen)
– in große Papphröhren hineinlegen (Papierfabrik)

❍ Matte auf Bällen
Viele Gymnastik- oder Medizinbälle: eine große Gymnastikmatte darauflegen. Kinder liegen auf der Matte oder sitzen, kriechen, laufen ...

❍ Brett, schräge Ebene
- hinunter laufen
- schleichen
- rutschen (Bauch oder Rücken)
- Bälle oder Walzen hinunterrollen lassen

❍ Gymnastikstäbe
- rollen
- darüber balancieren
- Bälle mit den Stöcken wegschieben, in Tore stoßen (Pappkartons)
- Kind kann sich an Stab hängen, den zwei Erwachsene halten
- Stäbe in eine lange Reihe legen und darauf hin- und herbewegen.

❍ Teppichfliesen
unterschiedliche Materialien: z.B. Grasteppich, Berber, Flokati, glatter Kunststoffboden, Kork, Sisal usw. – Die Kinder gehen von Fliese zu Fliese mit nackten Füßen, sie hopsen oder springen ...

Man kann beim Gehen von Teppichstück zu Teppichstück auch ein Lied oder Kreisspiel-Lied singen („Wir gehen jetzt im Kreise, man hört uns kaum ganz leise, so gehen wir, so gehen wir, jetzt im Kreise ...")

❍ Gymnastikbank
– auf zwei Rollbretter stellen (als Schiff oder Eisenbahn)
– darüber balancieren oder auf dem Bauch rutschen
– unten durchkrabbeln
– in eine Sprossenwand einhängen und als Rutsche verwenden

❍ Zauberschnur (elastisches Gummiband)
zwei Erwachsene halten die Schnur
– Kinder hopsen darüber
– kriechen darunter durch
– versuchen, in die Luft zu springen usw.

❍ Kissen, Polster
– darauf hüpfen, darüber kriechen, darauf sitzen oder reiten, schaukeln, Treppen bauen oder Türme, Brücken, Tunnel
– Bodenwellen herstellen (Matte über verschiedene Polster legen)

❍ Tische, Stühle
– zum Klettern
– zum Durchkrabbeln
– zum Bude-Bauen (mit Decke)

❍ Seilchen, Taue
– auf den Boden legen, Schlangen und Muster legen
– barfuß über Tau laufen
– Tauziehen spielen
– Kinder bilden mittels des Taus eine Schlange (Eisenbahn)

❍ Bälle (Gymnastikbälle, Medizinbälle, Schaumgummibälle, Noppenbälle, Tennisbälle, Igelbälle)
– rollen, werfen, prellen, schießen (z.B. in Pappkarton)
– auf der Hand balancieren
– durch Beine rollen
– in ein großes Tuch legen (bewegen, hochwerfen ...)
– in Behälter einsortieren, ausleeren, wieder suchen ...

❍ Reifen
– rollen

- drehen, hineinspringen
- durchkrabbeln

❍ Plastikfolie
Alle fassen an, wedeln, lassen sie fliegen und wieder sinken, geben Luftballons hinein, bewegen diese, lassen sie fliegen, fangen sie auf usw. (eventuell Geschichte dazu erzählen)

❍ Luftballons

Wahrnehmungsspiele

Fühlen/tasten, sehen, hören … usw.

❍ kalt und warm (kalte und warme Sachen fühlen lassen, z.B. Schlüsselbund, Fell usw.)

❍ hart und weich (z.B. Teddy, Kissen – Holzbausteine, Tisch …)

❍ Tastsack (Gegenstände in Sack oder Kissenbezug ertasten und benennen …)

❍ Feder-leicht (Federn fliegen lassen und sich mit Federn kitzeln …)

❍ Fische fangen
„Ich hab' gefischt,
Ich hab' gefischt,
Ich hab' die ganze Nacht gefischt –
Und ich hab' doch keinen Fisch erwischt."

Kinderhände liegen auf dem Tisch, ein Erwachsener kreist mit den Händen darüber, beim letzten Wort versucht er, Kinderhände zu fangen ... Kinder verstecken Hände schnell unter'm Tisch

❍ mit Füßen greifen, z.B. Bausteine, Papier, Strümpfe …

❍ Tastkarten herstellen (mit Stoff, Sandpapier usw. bekleben) – auch Tastwürfel

❍ Kinder verstecken (wer fehlt im Kreis?)

❍ Schuhe vertauschen
alle Schuhe in die Kreismitte. Wem gehört dieser Schuh?

❍ Was fehlt?
In der Kreismitte liegt eine Decke. Darunter sind Gegenstände versteckt. Die Decke wird weggenommen und mit der Decke auch ein Gegenstand …

❍ Namen lernen, z.B. am Anfang einer neuen Gruppe: einen Ball zu einem anderen Kind rollen … Dieses sagt seinen Namen und rollt den Ball weiter …

❍ Namen flüstern, rufen, schreien, klatschen …

❍ Händeturm: Die Hand liegt zur Faust geballt auf dem Tisch, der Daumen ist senkrecht abgespreizt. Das nächste Kind ergreift den Daumen, spreizt den eigenen Daumen ebenfalls senkrecht ab usw., bis ein Händeturm gebaut ist: Reim: „Butter, Butter, stampfe, eine Hand muß weg!“ Es wird auf dem Tisch gestampft, die untere Hand wird weggezogen und wird oben auf den Turm gesetzt.

❍ Blinde Kuh oder Topfschlagen: einem Kind werden die Augen verbunden, es sucht mit einem Holzlöffel einen Topf, der umgedreht auf der Erde liegt. Darunter ist eine Überraschung versteckt!

❍ Alle Kinder
– auf den Stuhl
– auf den Tisch
– unter den Tisch
– auf die Erde legen
– an die Wand
– anfassen zum Kreis usw.

ein Erwachsener ruft, die Kinder re-agieren

❍ Ein Spaziergang durch den Raum (Raumerfahrung)
Ein Erwachsener erzählt eine Geschichte:
„Wir gehen durch den Raum …
plötzlich kommt ein Bach, wir springen hinüber …
jetzt kommt ein Berg – wir steigen hinauf, wir steigen hinunter …
wir kommen auf eine schöne Wiese … wir legen uns hin …
wir schlafen …, wir stehen wieder auf …“, usw.

❍ Geräusche raten
– mit einem Schlüssel klappern
– auf eine Trommel schlagen
– in die Hände klatschen
– mit Papier rascheln usw.

❍ Wecker suchen:
im Raum ist ein laut tickender Wecker versteckt. Wer findet ihn?

❍ Namen flüstern:
hinter vorgehaltener Hand einen Namen flüstern. Wer kann ihn erraten?

❍ Wir tanzen zur Musik,
wenn die Musik verstummt, setzen sich alle Kinder auf den Boden/legen sich/laufen zur Mutter oder zu einem anderen Kind/suchen sich einen Stuhl/kriechen unter den Tisch usw.

❍ Wir laufen als lange Schlange durch den Raum,
ein Erwachsener übernimmt die Führung – wir umlaufen Hindernisse, wir laufen unter einem Tor durch, wir gehen langsam, werden immer schneller und schneller, wir rennen ... usw.

2.6.6. Kreis- und Tanzspiele

Die dreijährigen Kinder im Maxi-Club sind zusehends in der Lage, an sogenannten Regelspielen teilzunehmen. Dabei hängt die erfolgreiche Durchführung der Spielunternehmung davon ab, wie sehr sich die Beteiligten an die vereinbarten Regeln halten. Kreis- und Tanzspiele sind solche Regelspiele, da sie den Spielverlauf durch festgelegte Vereinbarungen vorgeben (Text, Bewegungen, Rollen, Aktionen-Reaktionen ...). Zwar sind auch kleinere Kinder bereits in der Lage, solche Regeln – beispielsweise bei Fingerspielen – zu befolgen. Sie reagieren aber mehr spontan nachahmend und folgen noch stark ihrer jeweiligen Stimmung bzw. einem manchmal nur vorübergehenden Interesse (diese ersten Spiele haben auch noch den Charakter von „Funktionsspielen“ mit Händen oder Füßen). Die Dreijährigen können dagegen schon komplexe Spielabläufe nachvollziehen und ihnen über längere Zeit folgen. Sie sind z.B. auch zusehends in der Lage, bei Kreisspielen allein zu agieren und allein eine Rolle zu spielen (z.B. „Plumpssack“, „Straßenbahnschaffner“, „Schmetterling“ usw.). Es erfordert schon ein gewisses Maß an Selbständigkeit und Selbstsicherheit, allein in die Kreismitte zu gehen und sich dort in einer vorgegebenen Rolle zu präsentieren. Selbst die Dreijährigen zögern noch recht oft oder setzen die Spielregeln in einer eher „eigenwilligen“ Weise um, weil sie die Vorgaben noch nicht allein bzw. so konsequent anwenden können.

Rollen, Regeln und ritualisierte Formen des Spielverhaltens entwickeln sich zusehends als Vorbereitung auf soziale Rollen, Regeln, Interaktionen.

Neben den bekannten *Kreisspielen* aus der ganz frühen Kindheit sollten in den Maxi-Gruppen auch neue Spiele eingeführt werden, die nun auch eine verstärkte Rollen-Differenzierung und unterschiedliche Aktionen erforderlich machen.

Hier einige Spielvorschläge:

❍ Wer spielt die Rolle des Schaffners?

„Bimmel, bimmel, Straßenbahn, der Schaffner muß sie fahren ... Wer noch fünfzig Pfennig hat, der steigt in den Wagen. Der/die ... Daniel, der Daniel, der Daniel ist schon groß, der fährt alleine los."

Der Schaffner geht im Kreis herum und ruft ein Kind nach dem anderen auf. Das aufgerufene Kind hängt sich an, und die Straßenbahn fährt weiter, bis alle Kinder eingestiegen sind. Erst dann löst sich die Straßenbahn wieder auf.

... Und wer kennt diese bekannten Spiele aus der eigenen Kindheit?

❍ „Schmetterling, du kleines Ding" (Schmetterlinge fliegen aus und suchen sich eine Tänzerin)

❍ „Dreht euch nicht um, der Plumpssack geht herum" (Spielregel ist oft noch schwierig für die Kinder)

❍ „Ein Elefant trottet durch den Wald ... wackelt mit dem Rüssel, die Trompete erschallt, möchte nicht allein auf die Reise geh'n, ruft einen ander'n, er soll mit ihm gehn ..." (dann: zwei Elefanten trotten durch den Wald ... vier Elefanten usw.)

❍ „Wenn wir im Sommer 'mal nach Holland geh'n, woll'n wir fahren zu der blauen See, seh'n wir den Fischers und die Fischerfrau ..." usw.

(Kinder tanzen zum Schluß paarweise den Holzschuhtanz – vgl. auch Tanzspiele!)

❍ Tanzspiele

Bei den Dreijährigen sind auch einfache Tanzspiele sehr beliebt. Hier einige Titel von Schallplatten und MC's, die sich zur Begleitung von Kindertänzen eignen: Selbstverständlich ist es den Dreijährigen noch nicht möglich, komplizierte Schrittfolgen zu lernen, jedoch einfache Bewegungsabläufe – vorgegeben oder ganz spontan improvisiert – machen Kindern und Erwachsenen viel Spaß. Sie tragen zu einer ausgeglichenen Stimmung und einem positiven Gruppengefühl bei.

Schallplatten:
„Tanzlieder für Kinder", Fidula-Fon (hier finden sich Titel wie z.B. „Trat ich heute vor die Türe", „Ponnypferdchen", „Bella Bimba" usw.).
„Tierzirkus" (nacheinander marschieren verschiedene Tiere ein, die von den Kindern jeweils dargestellt werden, z.B. Elefant, Affe, Pferd, Bär, Tiger ...); Fidula-Fon.
„Buenos Dias" (Tanzlieder im lateinamerikanischen Rhythmus); Fidula-Fon.

Musikcassetten:
„Brüderchen, komm' tanz mit mir" (Fidula-Cassette)
„Tanzlieder für Kinder" (Fidula-Cassette 1)
„1, 2, 3, im Sauseschritt" (Lern-, Spiel-, Spaßlieder, die sich auch zum Tanzen eignen); Menschenkinder Verlag.

Tanzlieder zum Selbersingen

Brüderchen, komm tanz mit mir

volkstümlich

2. Ei, das hast du gut gemacht!
   Ei, das hätt' ich nicht gedacht. Einmal hin ...

3. Mit dem Füßchen trab, trab, trab!
   Mit den Händen klapp, klapp, klapp! Einmal hin ...
4. Noch einmal das schöne Spiel,
   weil es mir so gut gefiel! Einmal hin ...

5. Mit dem Köpfchen nick, nick, nick!
   Mit dem Fingerchen tik, tik, tik! Einmal hin ...

Die Kinder stehen sich paarweise gegenüber, reichen sich die Hände und tanzen hin und her.

Der Butzemann

Worte und Weise: volkstümlich

2. Es tanzt ein Bi-Ba-Butzemann
   in unserm Haus herum, widibum.
   Er springt und wirbelt durch das Haus
   und lacht dabei die Kinder aus.
   Es tanzt ein Bi-Ba-Butzemann
   in unserm Haus herum.

3. Es tanzt ein Bi-Ba-Butzemann
   in unserm Haus herum, widibum.
   Bald ist er hier, bald ist er dort
   und plötzlich ist er wieder fort.
   Es tanzt ein Bi-Ba-Butzemann
   in unserm Haus herum.

Der „Butzemann" tanzt in der Kreismitte, die übrigen Kinder klatschen dazu.

Der Hampelmann

Worte und Weise: aus Holstein

2. ||: Jetzt zieht Hampelmann :|| sich seine Strümpfe an.
3. ||: Jetzt zieht Hampelmann :|| sich seine Hose an.
4. ||: Jetzt zieht Hampelmann :|| sich seine Schuhe an.
5. ||: Jetzt zieht Hampelmann :|| sich seine Jacke an.
6. ||: Jetzt setzt Hampelmann :|| sich seine Mütze auf.
7. ||: Jetzt geht Hampelmann :|| mit seiner Frau spazier'n.
8. ||: Jetzt tanzt Hampelmann :|| mit seiner lieben Frau.

Hampelmann steigt pantomimisch aus seinem Bett heraus, zieht sich pantomimisch seine Strümpfe an, seine Hose ... usw. Jeweils am Ende jeder Strophe „hampeln“ die Kinder, indem sie Arme und Beine im Rhythmus abwechselnd zusammenführen und wieder öffnen. Am Ende des Liedes sucht sich jeder Hampelmann eine Frau und geht mit ihr spazieren bzw. tanzt mit ihr durch den Raum.

2.6.7. Musikspiele mit allerlei Dingen

Die Dreijährigen können bereits Musikspiele mit Instrumenten ausführen. Aber auch der eigene Körper bzw. einzelne Körperteile – z.B. Hände, Finger, Füße ... – können zu „Instrumenten“ werden, indem sie patschen, klopfen, trommeln, schlagen oder stampfen ...

Das Namen-Klatsch-Spiel

Die Kinder sitzen im Kreis. Nacheinander stellen sich die Kinder mit ihrem Namen vor. Die Silben des Namens des betreffenden Kindes werden anschließend geklatscht, z.B. Peter (xx), Jennifer (xxx), Hannelore (xxxx).

Das Regentropfen-Spiel

Die Kinder trommeln mit ihren Fingerspitzen auf den Stuhl, den Tisch, den Fußboden ...
Dabei wechselt jeweils das Tempo:
es *tröpfelt* (ganz langsam trommeln)
es *regnet* stärker (Tempo steigern)
es *hagelt* (mit den Fäusten schlagen)
es *donnert* (mit den Handflächen ganz laut schlagen)
alle Leute *laufen* schnell nach Hause (mit den Füßen schnelle Laufbewegungen machen).
Hinweis: Als Hilfsmittel für Regen-Spiele sind auch Instrumente wie Handtrommel, Schellentrommel, Klangstäbe oder Holzblocktrommel geeignet.

Ein Trommel-Spaziergang

Sehr beliebt sind bei den Kindern Bewegungsspiele, die mit der Handtrommel begleitet werden. Besonders bei motorischer Unruhe und Aggressivität erleben die Kinder diese Spielidee als eine Art Ventil, um Spannungen in Bewegung umzusetzen oder einfach ihren natürlichen Bewegungsdrang auszuagieren (besonders im Winter oder bei schlechtem Wetter, wenn wenig Bewegungsaktivitäten im Freien möglich sind).

Die Gruppenleiterin schlägt – zunächst ganz langsam – einen einfachen Rhythmus an, zu dem sich die Kinder im Raum bewegen. Sie steigert das Tempo ..., und die Kinder gehen immer schneller, bis sie schließlich laufen ... und rennen. Wenn sie nun einmal ganz fest auf die Handtrommel schlägt, werfen sich die Kinder auf den Boden.

Variationen: Bewegung in der Rolle als Hund, Katze, Giraffe usw. ...Die Gruppenleiterin könnte auch eine ganze Geschichte erzählen!

Der „Windmacher"

Die Kinder sind Windmacher. Eine große Abdeckfolie wird ausgebreitet, und jedes Kind faßt einen Zipfel der Folie, um somit durch Auf- und Abbewegen Wind zu erzeugen.

Variation: Jedes Kind erhält ein großes Blatt Papier oder ein Stück Alufolie und erzeugt damit Windgeräusche.

Wer möchte, kann auch Wattekugeln über den Tisch pusten oder eine Papiertüte aufblasen und platzen lassen.

Hei, mein Pferrdchen laufe

Die Erwachsenen stellen Schellenbänder für die „Pferdchen" aus Stoffstreifen selber her. Auf die Bänder näht man mehrere Glöckchen, die beim Laufen und Springen durch den Raum lustig klingen.

Glasflaschenspiel

Flaschen werden mit Sand oder Wasser gefüllt. Darauf kann man spielen.

Ein Kinderkonzert

Jedes Kind erhält ein Instrument. Auf ein Signal hin beginnen sie darauf zu spielen. Der „Dirigent" gibt wieder durch ein Zeichen an, wann das Spiel beendet ist. Natürlich werden die Instrumente untereinander ausgetauscht, und das Spiel beginnt von vorn.

Das Uhrenspiel

Wer kennt das bekannte Spiel „Weckersuchen"?

Aber es gibt auch noch eine andere Variante: Ein hängendes Becken (Musikgeschäft) soll eine schlagende Wand- oder Turmuhr darstellen. Jedes Kind darf mit einem Schlegel das Becken anschlagen, und alle lauschen gespannt, bis der Ton verklungen ist.

Dazu eventuell als Spruch oder Lied: „Die Uhr schlägt *bum,* die Zeit ist *um* – das Spiel ist *aus,* wir gehen nach *Haus.* Auf Wiedersehn, auf Wiedersehn, wir wollen jetzt nach Hause geh'n. Die Uhr schlägt *bum,* die Zeit ist *um.*" Bei den gesperrt gedruckten Worten wird jeweils auf das hängende Becken geschlagen. Die übrigen Kinder deuten den Glockenschlag mit Klatschen an.

Selbst gefertigte Instrumente

Einfache Instrumente selber herzustellen, ist sicherlich eine reizvolle Aufgabe für die Eltern. Hier einige Anregungen:

<u>Dosentrommel</u>
Eine runde Schachtel oder Dose wird durchbohrt, ein Rundholz hindurchgesteckt und verleimt. Durch die Dose selbst ein Band fädeln und am Ende jeweils eine Perle verknoten.

Schellentrommel
Im Inneren der Waschmittelbox verläuft ein Band oder Draht. Auf das Band werden Schellen oder viele Kronkorken gezogen.

Trommel zum Umhängen
Sie klingt tief …
Eine leere Waschmittelbox wird zur Trommel.
Die untere Seite ist offen, der geschlossene Boden dient als Trommelfell …
Der Klang ist besonders intensiv, wenn sich die Kinder die Trommel in Bauchhöhe umhängen.
Dazu bohrt man 4 Löcher in den Boden, führt jeweils eine Schnur von einem Loch um den Hals des Kindes zum anderen Loch und verknotet die Schnur im Inneren der Trommel.

Glocke aus Blumentopf
Für die Herstellung braucht man einen Tonblumentopf. Aus einer dicken Schnur am Ende eine Schlaufe knoten und darauf eine kleine Holzperle ziehen. Die Schlaufe von unten durch das Loch im Topf führen. Zum besseren Halt die Schnur oberhalb des Topfes durch eine Korkenscheibe o.ä. ziehen. Dicht am unteren Rand des Topfes eine dicke Holzperle verknoten, die als Klöppel dient. Fertig ist die Glocke.

Blechdosentrommel
Herstellung wie bei – „Trommel zum Umhängen“, der Klang ist allerdings anders.
Dosentrommeln haben einen Nachklang!
Schlegel kauft man entweder fertig in Musikgeschäften oder stellt sie selber her, z.B. aus Weinkorken und Blumenstangen.

Glühbirnenrassel
Eine alte Glühbirne wird mit Kleister und Seidenpapier in mehreren Lagen dick beklebt. – Nach einer Trockenzeit von ca. 1 Woche mit einem Hammer das Glas im Inneren der Papierumhüllung vorsichtig zertrümmern. Die Glasscherben erzeugen interessante Klänge.

Klanghölzer
Einen Besenstiel in ca. 20 cm lange Stücke schneiden, und die Enden mit Feile oder Schmirgelpapier bearbeiten. Zum Aufhängen eventuell Schlaufen mit Klebeband befestigen.

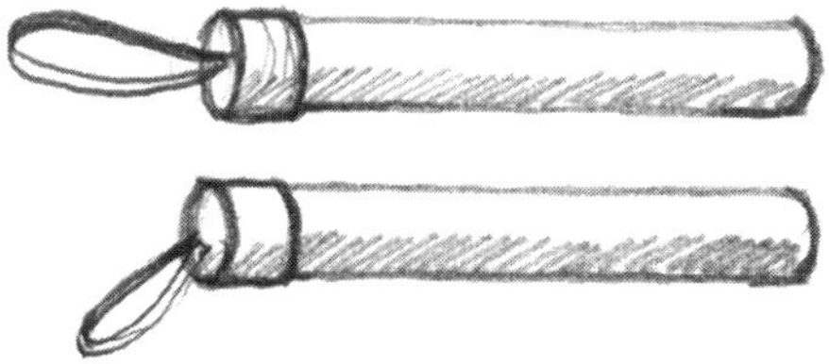

Alte und neue Kinderlieder

Das noch sehr junge Kind erlebt Lieder (sog. „Spiel-Lieder“) meist in Verbindung mit Gesten und Bewegungen, da der Text allein noch viel zu abstrakt und unverständlich wäre. Selbstverständlich erfreuen sich auch die Dreijährigen (ebenso wie Kindergarten- und Schulkinder) an Spielliedern, die durch Gesten und Bewegungen veranschaulicht werden. Sie entsprechen dem kindlichen Bewegungsbedürfnis und seinem natürlichen Hang, Musik am ganzen Körper zu erfahren und auszudrücken. Allerdings kann man bei 3jährigen auch schon zusätzlich Kinderlieder einbringen, die nicht mit Handlungen verbunden sind. Ob es sich um Advents-, Weihnachts-, Geburtstags- oder Frühlingsthemen handelt, die Palette geeigneter Lieder ist groß. Wenn es an dem Verständnis der Texte noch mangeln sollte, kann die Gruppenleiterin/der Gruppenleiter spontan auch noch Bewegungen oder andere Anschauungsmittel einsetzen.

Ich mit meiner Laterne

Worte und Weise: aus Holstein

2. Ich geh mit meiner Laterne
und meine Laterne mit mir.
Dort oben leuchten die Sterne
und unten, da leuchten wir.
‖: Laternenlicht,
verlösch' mir nicht!
Rabimmel, rabammel, rabumm. :‖

Beim Nachhausegehen:
3. …
‖: Mein Licht ist aus,
ich geh' nach Haus.
Rabimmel, rabammel,
rabumm. :‖

Der Winter ist das

Worte und Weise volkstümlich

2. E, e, e, er bringt uns Eis und Schnee,
   malt uns gar zum Zeitvertreiben
   Blumen an die Fensterscheiben.
   E, e, e, er bringt uns Eis und Schnee.

3. I, i, i, vergiß die Armen nie!
   Wenn du liegst in warmen Kissen,
   denk an die, die frieren müssen!
   I, i, i, vergiß die Armen nie!

4. O, o, o, wie sind die Kinder froh!
   Sehen jede Nacht im Traume
   sich schon unterm Weihnachtsbaume.
   O, o, o, wie sind die Kinder froh!

Frühling — überliefert

2. ||: Blüht ein Blümlein :||, blüht im Märzenwald …
3. ||: Scheint die Sonne :||, scheint im Märzenwald …

2.6.8. Handpuppenspiele

Je größer der Sprachschatz der Kinder, desto interessanter werden kleine Dialoge und Spielszenen mit Handpuppen, die Eltern zum Teil selbst anfertigen können. Handpuppen eignen sich gut dafür, gehemmte und zurückhaltende Kinder ins Spiel einzubeziehen, ja sie haben sogar manchmal „therapeutischen" Wert, wenn es darum geht, Außenseiter anzusprechen und „aufzutauen". Spielerisch verlieren sie ihre Ängste und Hemmungen und öffnen sich für interaktive Prozesse mit anderen.

Es gibt viele Möglichkeiten, Handpuppen selbst herzustellen, z.B. aus einem Socken, einem Waschlappen, einem Taschentuch, aus Haushaltsgegenständen wie Kochlöffel oder Stampfer, aus Putzlappen und Staubtüchern oder einem Wischmop.

An dieser Stelle möchte ich lediglich zwei Beispiele näher erläutern, wie Eltern für ihre Kinder eine einfache Marionette und eine Handpuppe fertigen können.

Während Figuren aus Socken oder Waschlappen auch für die ganz kleinen Kinder geeignet sind, scheint mir die Tuchmarionette eher für ältere Kinder passend.

<u>Tuchmarionette</u>
Zutaten:
1 Holzleiste (ca. 17 cm lang)
1 Rundstab (0,7 x 32 cm)
1 Holzkugel – durchbohrt – (4–5 cm)
4 kleine Holzkugeln für Hände und Füße
1 Kopftuch aus Seide oder Nylon
Draht für Armschlaufen
dünne Nylonschnur oder dicker Zwirn für Marionettenfäden
3 kleine Nägel

Herstellung:
– Für das Spielkreuz: Holzleiste in der Mitte durchbohren. Durch diese Bohrung den Rundstab führen und mit Holzleim festleimen. Dabei beachten: das Rundholz ragt an der längeren Seite ca. 23–24 cm heraus! An allen 4 Enden des Spielkreuzes werden mit einem Handbohrer feine Löcher gebohrt.
– Für den Kopf: Nägel einschlagen (2 Nägel seitlich, 1 Nagel am Hinterkopf)
– Für den Körper: Federleichtes Kopftuch zu einem Drittel einschlagen (dabei kommt das eingeschlagene Drittel nach hinten)

– Beim Einziehen der Kopfkugel: Tuch in der Mitte fassen, Zipfel falten und diesen durch die Kugelöffnung führen.
– Fußkugeln an den beiden unteren Tuchenden anbringen. Dabei das Tuch nach innen einschlagen.
– Handkugeln unterhalb der Umschlagkante in das umgeschlagene Drittel einziehen. Sowohl Fuß- als auch Handkugeln eventuell festnähen!
– Anknüpfen der Figur: Seitlich Kopffäden am Querholz befestigen. Hinterkopffaden am kurzen Teil des Rundholzes verknoten. Befestigung der Handfäden: Drahtschlaufen an den Kugeln befestigen. Den Faden an eine Armschlaufe knüpfen, durch das Loch am langen Ende des Rundstabs führen und an der anderen Handschlaufe wiederum verknoten. Dabei sollen die Hände lose herunterhängen.
– Eventuell Gesicht auf die Kopfkugel malen.

<u>Stabpuppe:</u> <u>Zauberer</u>
Zutaten:
Große Styroporkugel
Rundholz
Stoff- und Wollreste
Stifte
Styroporkleber
Pappe
Nähzeug

Herstellung:
– Rundholz in die Kopfkugel kleben
– Für das Gewicht den Stoff im Format 45 x 90 cm zuschneiden. Von links auf die Größe 45 x 45 cm falten und zusammennähen. Dabei muß eine Öffnung für den Stab und für die Hand des Spielers bleiben.
– Das Kleid an der Halsöffnung am Rundstab festkleben.
– Die Puppe erhält zum Schluß Gesicht, Haare, Bart und Hut.

Beim anschließenden Spiel hält der Spieler die Puppe mit dem Rundstab und führt seine eigene Hand durch die Armöffnung des Puppenkleides. Auf diese Weise hat die Puppe eine „lebendige Hand", was den Kindern im Spielverlauf meist große Freude bereitet. So kann der Zauberer winken, mit der Hand zaubern, guten Tag sagen usw.

Wer erfindet einen Namen für den Zauberer. Wie wäre es mit „Donnerblitz"? Der Zauberer verwandelt die Kinder in Hunde, Katzen oder Elefanten. Ein lustiges Rollen- und Bewegungsspiel nimmt seinen Anfang.

2.6.9. Geschichten

Während das ganz kleine Kind sog. Elementarbilderbücher – mit manchmal nur einem Gegenstand – bevorzugt, gehen ältere Kinder mehr und mehr zu Szenenbilderbüchern und letztendlich auch zu ganzen Bildergeschichten über. Dreijährige Kinder können sogar schon erzählten Geschichten folgen, selbst wenn dazu keine Bilder gezeigt werden. Die Geschichten müssen jedoch entsprechend kurz sein und ganz lebendig erzählt werden. Außerdem sollten sie möglichst der unmittelbaren Lebenssituation des Kindes entstammen.

Eine Laternengeschichte:

Die Kinder haben in der Gruppe Laternen für St. Martin gebastelt. Dies ist eine gute Gelegenheit, den Kindern anschließend eine Laternengeschichte zu erzählen.

<u>Die Laterne und der Mond</u>
Es war kurz vor dem Martinsfest. Jennifer hatte mit ihrer Mutter eine goldene Laterne gebastelt. Die Mutter stellte eine Kerze hinein, und die goldene Laterne glitzerte und funkelte, als wäre sie aus purem Gold. Die Laterne machte den Tisch strahlend hell. Als die Zeit des Zubettgehens gekommen war, sagte Jennifer: „Ich möchte meine schöne Laterne mit ans Bett nehmen. Ohne meine Laterne schlafe ich nicht ein." Die Mutter nickte und stellte die goldene Laterne direkt auf Jennifers Nachtschränkchen. „Gute Nacht, liebe Laterne", sagte das Kind, und es schlief glücklich und zufrieden ein.

Mitten in der Nacht schaute der Mond durch das geöffnete Fenster des Kinderzimmers. „Was ist denn das", brummte er, „da steht ja etwas Goldenes, das funkelt und leuchtet wie ein Stern und strahlt fast noch schöner als ich selbst?"

„Ich bin eine Laterne und werde am Martinsfest durch die Straßen getragen", antwortete die kleine Laterne voll Stolz. „Was hältst du von einem kleinen Ausflug?" fragte der Mond, und er forderte sie auf: „Komm, flieg durch das Fenster und folge mir in die Nacht!" Das ließ sich die kleine Laterne nicht zweimal sagen. Sie hopste vom Nachtschrank und schwebte durch das Fenster hinaus in die Dunkelheit, die Straße hinunter, vorbei am Kindergarten, bis zum Marktplatz. In der Stadt waren nur noch wenige Menschen unterwegs. Sie flog höher und höher, und bald sah die Stadt aus wie die Spielzeughäuser aus Jennifers Baukasten. Die Leute in der Stadt wunderten sich: Was war das für ein seltsamer Stern am Himmel? Die Laterne flog noch ein Stückchen höher, und bald war sie umgeben von vielen kleinen leuchtenden Sternen. Der gute alte Mond freute sich: „Gefällt es dir hier oben?" „Ja, wundervoll!" rief die Laterne überglücklich. Bald war es jedoch Zeit für den Mond, auf Wiedersehen zu sagen, denn es sollte nun Morgen werden, und da muß der Mond sich natürlich zurückziehen. Traurig winkte ihm die Laterne nach. Auch sie mußte zurück zur Erde. „Auf Wiedersehen, guter Mond!" Sie schwebte hinab zu Jennifers Haus, durch das Fenster des Kinderzimmers und landete direkt neben Jennifers Bett.

Im Zimmer war es inzwischen hell geworden. Jennifer wurde wach. Sie öffnete die Augen und sah ihre goldene Laterne. „Guten Morgen, Laterne", sagte sie, während sie sich noch die Augen rieb. „Bald ist St. Martin. Da werde ich mit dir durch die Stadt ziehen und Laternenlieder singen, und viele andere Kinder werden mitgehen, und wir werden leckere Bretzeln essen." Die Laterne hörte dies, aber sie antwortete nicht. Sie sagte niemandem, wo sie die ganze Nacht über gewesen war.

(von der Autorin in der Kindergruppe erfunden und anschließend aufgeschrieben)

Weitere Anregungen für Geschichten:

❍ kurze Erzählungen mit Hilfe einer Handpuppe
❍ Geschichten aus dem Gruppenleben (z.B.: Was haben die Kinder am Vormittag gespielt?)
❍ Geschichten aus der Familie (Wo habt ihr euren Urlaub verbracht? Wie war es zu Nikolaus? Wie war dein Geburtstag?)
❍ ein unbekanntes Bilderbuch noch einmal kurz erzählen (z.B. was hat die Raupe Nimmersatt gefressen?)
❍ Ein kurzes Märchen (z.B. „Der süße Brei" – Gebrüder Grimm)

Bildergeschichten für die Dreijährigen:

Heine, Helene, Freunde
Köln 1992

Lionni, Leo, Frederick
Köln 1991

Migutsch, Ali, Rundherum in meiner Stadt
Ravensburg, 39. Auflage 1992

Migutsch, Ali, Komm mit ans Wasser
Ravensburg, 31. Auflage 1993

2.6.10. Gespräche unter den Erwachsenen

Die Gruppenarbeit mit den 3jährigen bietet vielfältige Möglichkeiten, die schon fast an die Kindergartenarbeit erinnern mögen. Entsprechend vielfältig sind auch die Gelegenheiten zu aktiver Elternmitarbeit. Wie unter „Zielsetzung der Erwachsenenbildung" beschrieben, sollen die Eltern zusehends befähigt werden, einzelne

Gruppenaktivitäten mitzuplanen und durchzuführen. Da die Eltern nach langjähriger Gruppenzugehörigkeit viele Erfahrungen gesammelt haben, wird es ihnen zusehends leichter fallen, konstruktive Vorschläge für die Gestaltung des Gruppenlebens zu machen!

Im Zentrum der Gespräche in der Gruppe oder bei Elternabenden wird der Übergang der Kinder in den Kindergarten stehen. Es geht z.B. um:

- Wahl des Kindergartens
- lästige Wartelisten und Wartezeiten
- Vergleich unterschiedlicher Kindergarten-Konzeptionen
- erste Erfahrungen beim Besuch des Kindergartens, z.B. Eindruck von der Leiterin, den Räumlichkeiten, den anderen Erzieherinnen ...
- Wie erlebt das Kind den ersten Probe-Nachmittag im Kindergarten?
- Loslösungsprozesse von Kindern
- Kinderängste
- soziale Erfahrungen
- Wie gehen Eltern mit dem wachsenden Verselbständigungsbestreben der Kinder um?
- Welche Vorstellungen, Ängste haben Väter/Mütter?
- Wie gehe ich mit der vermehrten Freizeit um?
- religiöse Erziehung von Kindern (z.B. städtischer oder konfessioneller Kindergarten)
- Bücher/Spiele für Dreijährige
- Turnverein ja oder nein?
- Sexualerziehung (z.B. ein Kind ist sehr zutraulich und geht mit Fremden mit)

Literatur

zum Thema „Übergang in den Kindergarten“:
Haefele, B./Wolf-Filsinger, M., Aller Kindergarten-Anfang ist schwer. Hilfen für Eltern und Erzieher
München, 3. Auflage 1990

zum Thema „Kreativität/Bildnerisches Gestalten“:
Cuno, Sabine, Mein großes Bastelbuch
Ravensburg o. J.

zum Thema „Bewegung/Psychomotorik“:
Scheid, Volker/Prohl, Robert, Kinder wollen sich bewegen. Bewegungsangebote für Wohnung und Halle für das Kleinkindalter.
Dortmund, 2. Auflage 1989.

Zimmer, Renate, Kreative Bewegungsspiele.
Psychomotorische Förderung im Kindergarten
Freiburg, 6. Auflage 1994

zum Thema „Musikspiele und Kinderlieder“:
Krenzer, Rolf, Ich freu' mich, daß du da bist.
Meine schönsten Lieder, Band 1
Freiburg, 3. Auflage 1991

Krenzer, Rolf, Gut, daß es dich gibt.
Meine schönsten Lieder, Band 2
Freiburg, 2. Auflage 1994

Kreusch-Jacob, Dorothée, Tanzlieder
Ravensburg 1990

Teil 2: Pädagogisch-psychologische Rahmenbedingungen

1. Methoden/Medien

Die Methoden der Erwachsenenbildung liegen vor allem im Bereich *Gesprächsführung, themenzentrierte Interaktion* und *Gruppendynamik*. Im Kleindkindbereich sind besondere Kenntnisse in der *Beobachtung* kindlichen Verhaltens und kindlicher *Signale* notwendig. Die sensible Einschätzung von Signalen führt z.B. zu der Erkenntnis, daß es bei Säuglingen übererregbare Kinder, aber auch reaktionsschwache Kinder gibt. Sowohl Übererregbarkeit als auch Reaktionsschwäche äußern sich im Bereich des Hörens, des Sehens, der Berührung, Bewegung, Körperhaltung und Muskelkontrolle. Übererregbarkeit im Bereich des Sehens äußert sich z.B. in Lichtempfindlichkeit, beim Hören dagegen in Empfindlichkeit gegenüber Geräuschen. Manche Babys mögen nicht die Berührung am Bauch oder die Bewegung ihrer Zehen und Finger. Einigen gefällt es nicht, wenn sie senkrecht gehalten, geschaukelt oder in die Luft geworfen werden. Reaktionsschwäche zeigt sich, wenn Kinder nicht in Richtung von Geräuschen blicken oder wenn sie Gegenstände gar nicht zur Kenntnis nehmen. Manche Babys reagieren kaum auf Bewegungen oder Streicheln. Das Spiel mit Zehen und Fingern bleibt ohne erkennbare Wirkung. Auf keinen Fall sollten Gruppenleitung und Eltern diese Signale einfach ignorieren, sondern Möglichkeiten ausprobieren, wie man übererregte Kinder beruhigen und reaktionsschwache Babys anregen kann (Beruhigung z.B. durch Gesicht und Stimme der Mutter, Anregung durch interessante, neue Spielmaterialien).[54]

Da bei ganz kleinen Kindern Entwicklung vor allem motorische Entwicklung bedeutet, ist die *Psychomotorik* als Methode sinnvoll.

[54] Literatur zum Thema „Signale des Kindes“: Greenspan, Stanley J. und Nancy T., Das Erwachen der Gefühle. Die emotionale Entwicklung des Kindes, München 1988.

Die Motorik fungiert hier als Mittler zwischen Körper/Leib und Geist/Psyche.

Leitungstätigkeit in Eltern-Kind-Gruppen erfordert auch spielpädagogische Kompetenz im Umgang mit freien und gelenkten Spielangeboten. *Spielpädagogik* berücksichtigt die „Zweckfreiheit“ des Spiels sowie die unmittelbare, handelnde Auseinandersetzung mit einem Stück der Welt.

Medienwahl bezieht sich vor allem auf Spielzeug und auf Dinge der Umgebung, die geplant oder nicht geplant zu Spielobjekten werden.

Neben den gekauften Spielmitteln, die natürlich auch zur Ausstattung einer Eltern-Kind-Gruppe gehören (wie Ziehtiere, Puppen, Stofftiere, Autos, Bilderbücher, Schaukelpferd, Rutschauto, Handpuppen, Steckspiele, einfache Puzzles usw.), sind es vor allem die vielen kostenlosen Dinge und Materialien (Schachteln, Äste, Blätter, Steine, Kartons usw.), die das kleine Kind zum Spielen anregen und sein Umweltinteresse vertiefen. Viele Eltern erfahren erstmals, wie vielfältig und anregend die Umwelt sein kann, und wie phantasievoll man selbst „wertlose Wegwerfgegenstände“ zu erlebnisreichen Spiel-Abenteuern umfunktionieren kann.

Viele Leiterinnen und Leiter von Eltern-Kind-Gruppen haben einen ganz bestimmten *Stunden-Aufbau*, der in den wesentlichen Phasen immer gleich ist. Dieser rhythmische Ablauf ist gerade für kleine Kinder sehr wichtig. Hier ein Beispiel für eine Säuglings-Gruppe:

1. Phase: Einstimmung – Begrüßungsgespräche, gleichzeitig werden die Babys ausgezogen
2. Phase: Massieren (7–10 Min.)
3. Phase: Spiel- und Bewegungserfahrungen – Gespräche .. je nach Situation
4. Phase: Schaukelspiele, Fingerspiele, Singen mit Bewegung (ca. 10 Min.)
5. Phase: Anziehen der Kinder, Verabschiedung (danach: Matten und Spielzeug desinfizieren, aufräumen)

2. Die Gruppenleiterin/der Gruppenleiter

Am Anfang stehen GruppenleiterInnen vor vielen Fragen und Befürchtungen:
- Komme ich mit der Gruppe klar?
- Mögen mich die Leute?

– Wissen die Eltern vielleicht mehr als ich?
– Werde ich ständig beobachtet?
– Was macht man mit so kleinen Kindern – die können doch noch gar nichts (im Kindergarten fiel mir immer etwas ein ...)
– Wie viele Ideen erwartet man von mir?
– Muß ich pausenlos in Aktion sein?
– Hoffentlich gibt es keine Konflikte!
– Was erzähle ich denen bloß auf einem Elternabend?

... Und was würden verfahrene Kollegen einer Anfängerin/einem Anfänger antworten?
– Ängste und Unsicherheiten sind am Anfang ganz natürlich. Solche Empfindungen haben selbst „alte Hasen", wenn sie eine neue Gruppe übernehmen.
– Leider wird man oft – bei Kursleiterwechsel – an Vorgängerinnen oder Vorgängern gemessen. Es ist zwar wichtig, sich zu informieren, was in der Gruppe bislang gelaufen ist und eventuell daran anzuknüpfen, doch muß der Gruppe deutlich werden, daß auch der Neuling ganz eigene Vorstellungen und einen ganz persönlichen Stil mitbringt.
– Jeder sollte seine eigene Kommunikationsfähigkeit – eventuell auch eigene Ängste und Unsicherheiten gegenüber Menschen und sozialen Situationen – hinterfragen. Muß ich selbst noch aufgeschlossener und sicherer in meinem Auftreten werden?
– Manchmal ist es der bequemere Weg, Teilnehmer, die man nicht mag oder von denen man sich kritisch beobachtet glaubt, einfach „links liegen zu lassen". Doch dieses Vermeidungsverhalten führt keineswegs zur Problemlösung. Vielleicht wäre es besser, solche Gruppenmitglieder gerade und besonders oft anzusprechen. So bauen sich Schranken und Mißverständnisse besser ab!
– Die meisten Pädagogen, die in Spielgruppen arbeiten, haben ständig Zweifel, ob die angebotenen Spielinhalte auch ausreichend sind. Erwarten die Eltern nicht viel mehr? ... Und schließlich will ich ja als Fachkraft anerkannt sein! Wollen die Eltern nicht 20 verschiedene Spiele statt 5?
Aber: die Menge macht es nicht. GruppenleiterInnen können auch einmal gelassen beobachten und vielleicht dabei gar nichts tun. Dies sollte man auch den Eltern erklären.
– Niemand muß auf alle Fragen eine kompetente Antwort wissen. Fragen können auch an die Gruppe zurückgegeben werden. Vielleicht finden Eltern selbst Antworten.
– Leitungstätigkeit bedeutet vor allem auch Persönlichkeitsentwicklung, d.h. vor allem, ein individuelles Selbstverständnis zu fin-

den, anstatt sich gefällig „nach der Decke zu strecken" und alle Erwartungen zu erfüllen.
– Finden Sie vor allem für Ihre Handlungen Begründungen, machen Sie Ihre pädagogischen Gedanken transparent („ich mache dies, weil ..."). Eltern lernen dazu, und sie lernen um. Drücken sie aber nicht nur Ihre Gedanken aus, sondern auch Gefühle!
– Im Laufe der Zeit und mit zunehmender Erfahrung wachsen Selbstvertrauen und Sicherheit im Umgang mit Gruppen. Dabei ist zu berücksichtigen, daß jeder Kurs anders ist und jede Gruppe ganz eigene Kommunikationsformen und Rollenfunktionen verkörpert, die Vergleiche zu Vorgänger-Gruppen gar nicht zulassen. Zusammengehörigkeit über mehrere Jahre (bis zum Kindergarten) ist eine optimale Voraussetzung für Nähe und Vertrautheit, vorausgesetzt, die Gruppe mag sich und findet einen Konsens.

3. Wichtige entwicklungspsychologische Grundlagen der Eltern-Kind-Arbeit

3.1. Allgemeine Entwicklungsgesetze

3.1.1. Reifung

Je jünger ein Kind ist, desto mehr sind die Verhaltensänderungen vom Reifungsgeschehen her mitbestimmt (genetisch bedingt). „Die Reifung bildet die Grundlage aller Verhaltensänderungen, denn jede Leistung ist an die vorhergegangene Funktionsreifung gebunden, solange sich Gehirn und Nervenbahnen in der Entwicklung befinden. Die Gehirnentwicklung ist in den ersten drei Lebensjahren am schnellsten (rasche Zunahme des Gehirngewichts, Zunahme von Zahl und Volumen der Gehirnzellen, immer dichter werdendes Netz der Verbindungen zwischen den Nervenzellen usw.).

Reifungsvorgänge äußern sich in
– neuen – besonders motorischen – Verhaltensformen aufgrund neurophysiologischer und neuromuskulärer Reifeschritte,
– optimalen Lernbedingungen für bestimmte Umweltangebote."[55]

„Das Neugeborene hat die meisten Nervenzellen bereits angelegt. Einige zusätzliche Zellen entwickeln sich in den ersten Lebensjahren. Bei der Ge-

[55] Vgl. Schenk-Danzinger, a.a.O., S. 18 f.

burt bestehen jedoch nur sehr wenige Kontakte zwischen den Nervenzellen. Wenn ein Kind mit seiner Umwelt oder mit Teilen seines Körpers in Aktion tritt, veranlassen die Impulse, die seine Nerven durchströmen, die Nervenfasern zur Ausbildung von Ästen und Zweigen, welche zu anderen Nervenzellen Verbindungen aufnehmen. Je mehr Nervenverbindungen ein Mensch hat, desto größer ist sein Lernvermögen."[56]

3.1.2. Exogene Faktoren

Dabei handelt es sich zum einen um chemische oder physikalische Faktoren (Ernährung, Klima etc.), zum anderen um sozio-kulturelle Faktoren, besonders die von der mitmenschlichen Umwelt ausgehenden Einwirkungen auf das Kind (Familiensituation, Erziehungspraktiken, Art der emotionalen Zuwendung, Lernmöglichkeiten etc.). Darunter fallen sowohl die fördernden als auch die hemmenden exogenen Einflüsse.

3.1.3. Differenzierung/Zentralisation

Werner und Levin bezeichnen den Entwicklungsvorgang als Differenzierung (Verfeinerung der Funktionen – z.B. im Bereich der Motorik, der Wahrnehmung, der Motivation, der Gefühle etc.).

Daneben gibt es die Zentralisation. Dazu gehört der Aufbau übergeordneter Instanzen, die als Steuerungsfunktionen wirken. Die Handlungen des Kindes verlieren ihre Zufälligkeit. Sie werden von Plänen und Zielen gelenkt. Dies ist besonders auffällig im Bereich der Motorik, z.B. durch die Zunahme von zentral gelenkten Bewegungsabläufen.

3.1.4. Integration

Integration der Sinne, sensorische Verarbeitung, Details in Beziehung zueinander setzen, übergeordnete Zusammenhänge aufbauen etc.

3.1.5. Verfestigung/Kanalisierung

Lenkung der Neugier in bestimmte Bahnen, Ausbau von Gewohnheiten (z.B. Eßgewohnheiten), tradierte Verhaltensweisen, Rhythmus ...

[56] Vgl. Ayres, a.a.O., S. 64 f.

3.2. Phasen-Lehre und Umwelttheorie in der Diskussion

„Die meisten Phasentheoretiker waren der Meinung, daß die Entwicklung in der Natur des Menschen festgelegt sei und nicht durch Umwelteinwirkungen beliebig manipuliert werden könne. Entwicklung in diesem Sinne wird verstanden als Entfaltung „von innen heraus". Die Phasen, die der Mensch durchlebt, folgen naturnotwendig aufeinander. Ihre Reihenfolge ist genetisch festgelegt."[57]

„Empirische Befunde sprechen jedoch häufig dafür, daß Umweltbedingungen nicht nur das Verhalten inhaltlich stark mitbestimmen, sondern auch für den Entwicklungsverlauf selbst mitverantwortlich sind. Das bedeutet, daß die Reihenfolge einer beobachteten Verhaltenskette geändert werden kann, wenn sich bestimmte Umweltbedingungen ändern."[58]

Neuere Untersuchungen zeigen, daß durch pädagogische Maßnahmen bestimmte Funktionen und Verhaltensweisen viel eher auftreten, als dies nach den bisherigen Annahmen der meisten Stufen- und Phasenlehren zu erwarten wäre.

„Der tschechische Psychologe Koch (1969) versuchte z.B. in seinem Prager Institut, verschiedene reflektorische Leistungen von Säuglingen durch systematisches Training zu verbessern. Trainiert wurden jene Reflexe, die es auf der frühesten Zivilisationsstufe dem Säugling einmal ermöglicht haben könnten, sich an der Mutter festzuhalten und sich beim Herumtragen den Bewegungen der Mutter anzupassen. Als Übungsmaterial dienten verschiedene Turngeräte und bestimmte ausgewählte Spielsachen. Es gelang bereits im 2. Monat, die Reflexe so zu vervollkommnen, daß die Kinder imstande waren, sich ausgezeichnet allen möglichen Lagen und Bewegungen anzupassen."[59]

Interessante Erfahrungen werden auch von Eltern berichtet, die ihr Kind schon früh nach der Geburt vorwiegend in die Bauchlage legten. Im Vergleich zu anderen Kindern – die mehr auf dem Rücken lagen – zeigten sie bestimmte psychomotorische Leistungen früher als dies nach verschiedenen Entwicklungsnormen möglich sein konnte.[60]

Obgleich die Annahme, die frühe Entwicklung des Kindes sei überwiegend oder ausschließlich auf Reifungsprozesse zurückzu-

[57] Vgl. Oerter, a.a.O., S. 27.
[58] Vgl. Oerter, a.a.O., S. 28.
[59] Vgl. Nickel, a.a.O., S. 124.
[60] Wie bereits an anderer Stelle erwähnt, möchte ich noch einmal vor der Bauch-Schlaflage warnen! Bauchlagen-Spiele sind dagegen im Wachzustand und im Beisein von Mutter/Vater sehr förderlich.

führen, revidiert werden muß, sollte nicht vergessen werden, daß es auch Experimente und Beobachtungen gibt, die eine Umwelttheorie deutlich einschränken. „So konnte z.B. Dennis (1941) bei weiblichen Zwillingen, die in den ersten neun Monaten in ihren Bewegungen erheblich behindert wurden und denen ein aufrechtes Sitzen nicht möglich war, feststellen, daß sie nach dem Wegfall der Bewegungseinschränkung zwar mit 37 Wochen noch nicht allein sitzen konnten, diesen Rückstand jedoch bald aufholten."[61]

Ähnliche Beobachtungen wurden auch bei albanischen Säuglingen gemacht, die traditionsgemäß so fest eingewickelt werden, daß sie in ihren Bewegungen erheblich eingeschränkt sind. Fällt dieses Handicap irgendwann weg, so holen sie die versäumten motorischen Entwicklungsschritte sehr rasch nach.

BEI DER PÄDAGOGISCHEN ARBEIT IN ELTERN-KIND-GRUPPEN MUSS BERÜCKSICHTIGT WERDEN, DASS ÄUSSERE FAKTOREN (UMWELT, ANREGUNG) DIE GESAMTENTWICKLUNG DES KINDES POSITIV BEEINFLUSSEN KÖNNEN.
ANDERERSEITS SOLLTE VON EINEM VERFRÜHTEN, EINSEITIGEN TRAINING BESTIMMTER FUNKTIONEN GEWARNT WERDEN. OHNE DIE BERÜCKSICHTIGUNG DER REIFUNGSBEDINGTEN VORAUSSETZUNGEN UND DER KINDLICHEN GESAMTPERSÖNLICHKEIT SIND PÄDAGOGISCHE FÖRDERANGEBOTE NICHT ZU VERANTWORTEN!

3.3. Kritik an sog. „Entwicklungskalendern"

Praktische Erfahrungen in der Eltern-Kind-Arbeit zeigen, daß einige Eltern leider sehr leistungsbezogen denken und sich von Eltern-Kind-Gruppen eine Art „Frühförderung für das begabte Kind" versprechen. Sie erwarten im Kurs Spielangebote, die Funktionen fördern und rasche Entwicklungsfortschritte ermöglichen. Nicht selten konkurrieren auch Eltern untereinander und vergleichen den Entwicklungsstand ihrer Säuglinge und Kleinstkinder. Wenn eine bestimmte, z.B. motorische, Verhaltensform nicht auftritt, fragen sie besorgt: Ist mein Kind gesund? Hat es möglicherweise Defizite? Und: Was ist zu tun?

Oftmals orientieren sich Teilnehmer an sogenannten „Entwicklungskalendern", die beschreiben, welcher Lernfortschritt in wel-

[61] Vgl. Nickel, a.a.O., S. 123.

chem Lebensmonat zu erwarten ist (z.B.: Kopfheben mit ... Monaten, Drehen in die Seitenlage mit ... Monaten usw.). Die Eltern sollten darüber informiert werden, daß
❍ sogenannte „Entwicklungskalender“ nur grobe Maßstäbe setzen
❍ Entwicklungsfortschritte verspätet auftreten oder auch übersprungen werden können (manche Kinder überspringen, z.B. die Krabbelphase ...)
❍ jedes Kind eine ganz eigene Entwicklung nimmt
❍ Entwicklung oft im Verborgenen geschieht
❍ Entwicklungsschübe zwar unterstützt, aber nicht forciert oder erzwungen werden sollten (z.B. Laufenlernen trainieren usw.)

3.4. Die wichtigsten Entwicklungsbausteine im Säuglings- und frühen Kindesalter

3.4.1. Das erste Lebensjahr

Der erste Monat
Das Verhalten eines Neugeborenen ist besonders dadurch gekennzeichnet, daß es noch weitgehend ohne bewußte Steuerung abläuft. Ein großer Teil des Verhaltens ist reflektorisch bzw. instinktiv (vollzieht sich nach einem vorgegebenen Muster).

Wichtige Reflexe:
❍ *Saug- und Schluckreflex:* wichtig für die Nahrungsaufnahme
❍ *Klammerreflex:* man kann ein Neugeborenes z.B. an ein gespanntes Seil hängen, ohne daß es herunterfällt
❍ *Handgreifreflex:* bei Berührung der geschlossenen Faust wird diese geöffnet und der Gegenstand umfaßt
❍ *Fußsohlenreflex:* beim Bestreichen des seitlichen Fußrandes werden die Zehen nach außen gebogen
❍ *Kriechreflex:* „Kriech-Phänomen“, wenn das Kind auf dem Bauch liegt und die Fußsohlen berührt werden
❍ *Automatische Schreitbewegungen:* hält man das Kind aufrecht auf einer feste Unterlage, so „marschiert“ es über den Tisch
❍ *Reflektorische Stützreaktion:* wird der Säugling senkrecht gehalten, so streckt er seine Beine beim Hinstellen

Bereits das Neugeborene kann wenige Sekunden lang Dinge fixieren, z.B. wenn man eine Rassel von einer Seite zur anderen bewegt. Im Alter von einem Monat reagiert das Kind auf das Geräusch einer

Babyrassel oder einer Glocke bzw. auch auf die Stimme eines Menschen. Es kann seinen Kopf drehen und ihn für ca. 3 Sek. anheben. Auch der Geruchssinn, der während der ersten Lebenszeit eine große Bedeutung hat, ist schon bei der Geburt gut entwickelt. Das Baby nimmt über die Haut den ersten Umweltkontakt auf: es empfindet Wärme und Geborgenheit. Das gesunde Baby beruhigt sich durch die Berührung seiner Haut, wenn es auf den Arm genommen wird – es sei denn, es hat Hunger oder leidet unter Schmerzen.

Der zweite Monat
Ein bewegendes Erlebnis im 2. Lebensmonat ist das sog. erste Lächeln des Kindes. Dieses sog. „Engelslächeln" ist noch zufällig – es fehlt ihm das soziale Engagement.

Der dritte Monat
Das Kind hält den Kopf nun ca. 1 Minute. Es hebt den Kopf beim Hochziehen zum Sitzen kurz mit an bzw. hält den Kopf beim Sitzen für wenigstens 1/2 Minute aufrecht. Es greift nach einer Rassel und umschließt sie fest. Das soziale Lächeln entsteht, d.h. der Säugling lächelt bis ca. zum 6. Monat jedes menschliche Gesicht an, das er erblickt.

Der vierte Monat
Das Kind stützt sich in der Bauchlage nicht mehr ausschließlich auf die Unterarme. Es ist in der Lage, Kopf, Brust, Arme und Beine anzuheben („schwimmen" oder „Flugzeughaltung"). Außerdem hebt das Kind den Kopf beim Hochziehen in den Sitz mit an. Die Hände des Kindes spielen miteinander. Das Kind führt die Hand, aber auch schon Gegenstände zum Mund.

Der fünfte Monat
Das Baby rollt sich nun vom Bauch auf den Rücken. Beim Hochziehen in den Sitz beugt es den Kopf, Arme und Beine (Mini-Klimmzug). Das Kind kann sein Körpergewicht für einige Sekunden tragen (man braucht es nur noch locker unter den Achseln zu halten). Das Kind bewegt seine Hände auf ein Spielzeug hin und berührt es.

Der sechste Monat
Der Säugling stützt sich beliebig lang auf die gestreckten Arme. Er läßt sich gern zum Sitzen hochziehen. Seine Kopfkontrolle ist nun perfekt.

Er greift gezielt ein Spielzeug (mit der ganzen Hand).

Es ist ihm auch möglich, ein Spielzeug zwischen den Händen zu wechseln. Inzwischen unterscheidet er vertraute von unbekannten Personen.

Der siebte Monat

Das Kind dreht sich vom Rücken auf den Bauch. Es spielt gern mit seinen Füßen.

Das Kind stößt sich mit Hüften, Knien und Sprunggelenken ab, wenn es von einem Erwachsenen unter den Achseln gehalten wird.

Es greift mit beiden Händen zielsicher nach einem Gegenstand, bzw. wendet den Gegenstand zwischen den Händen. Außerdem sucht das Kind nach einem Gegenstand, der ihm herunterfiel.

Es beginnt nun auch mit dem sog. Kuckuck-Spiel (Tuch über Kind legen und wegziehen).

Der achte Monat

Das Kind dreht sich um die eigene Achse. Es zieht sich zum Sitzen hoch und greift dabei die Finger des Erwachsenen. Der Erwachsene hält dabei nicht mehr die Händchen des Kindes fest.

Der Säugling sitzt nun mehrere Sekunden allein.

Um den 8. Monat beginnt das sog. Fremdeln (Ängstlichkeit gegenüber fremden Personen). Das Kind beobachtet nun Erwachsene aufmerksam bei ihrer Tätigkeit (z.B. Hausarbeit). Außerdem zeigt es nun Interesse für das eigene Spiegelbild.

Der neunte Monat

Das Baby beginnt zu robben. Es sitzt 1 Min. frei und steht für einige Sekunden, wenn man es an den Händen hält. Das Kind läßt Gegenstände willkürlich fallen.

Es greift auch in ein Gefäß hinein, um einen Gegenstand herauszunehmen.

Der zehnte Monat

Das Baby schaukelt auf Händen und Knien und kommt allein zum Sitzen hoch. Es sitzt frei mit gestreckten Beinen und geraden Rücken. Das Kind zieht sich an Möbelstücken zum Sitzen hoch und steht, wenn man es festhält (bzw. durch Halt an Möbelstücken).

Es kann jetzt kleine Gegenstände mit Daumen und Zeigefinger greifen (Pinzettengriff).

Der Säugling ist auch in der Lage, zwei Gegenstände aneinanderzuklopfen. Er erprobt nun auch das gezielte Wegwerfen von Dingen.

Das Kind ahmt Gesten von anderen Menschen nach und tritt in kleine Laut-Dialoge mit der Mutter oder anderen Menschen ein.

Das Kind sucht nach Aufforderung bestimmte Gegenstände oder Personen.

Der elfte Monat

Das Baby krabbelt auf allen vieren.

Es geht seitlich an Möbeln entlang und vorwärts, wenn man es an den Händen hält.

Das Kind erlernt den Zangengriff. Dabei werden Daumen und Zeigefinger beim Greifen kleiner Gegenstände gebeugt und bilden eine Zange. Es findet ein verstecktes Spielzeug und zieht Gegenstände bzw. Spielzeuge an einer Schnur heran. Das Kind ißt selbst aus der Hand und trinkt allein aus einer Tasse. Es spricht erste sinnvolle Silben und versteht Verbote („nein!").

Der zwölfte Monat

Das Kind macht an der Hand die ersten Schritte. Es ist in der Lage, einen Gegenstand in die Hand des Erwachsenen zu geben.

Es läßt kleine Gegenstände in eine enge Öffnung fallen.

Das Kind bildet erste sinnvolle Baby-Wörter (wau-wau usw.).[62]

3.4.2. Das zweite Lebensjahr

❍ *Motorik*

Das Kind lernt im 2. Lebensjahr allein und ohne Unterstützung zu laufen. Die fortschreitende Reifung des Nervensystems und das Wachstum der Muskulatur führen zu einer Verbesserung der Körperbeherrschung und der psychomotorischen Geschicklichkeit. Ca. 75% der Babys können bis zu ihrem 15. Lebensmonat frei laufen. Das Kind läuft zunächst zwar noch breitbeinig und unsicher, doch es verbessert seine Motorik bereits mit 1 1/2 Jahren so weit, daß es Treppen steigen kann, wenn es festgehalten wird oder sich selbst dabei festhalten kann. Am Ende des 2. Lebensjahres vermag es sogar, rückwärts oder seitwärts zu gehen.

❍ *Selbständigkeit*

Im Laufe des 2. Lebensjahres beginnt das Kind – u.a. als Folge zunehmender Sicherheit in der Fortbewegung –, seine nähere Umge-

[62] Die Entwicklungsschritte vom 1.–12. Lebensmonat entstammen dem Buch: „Die ersten 365 Tage im Leben eines Kindes", München 1976 – Kurzfassung mit eigener Kommentierung

bung zu erkunden. Voraussetzung für das Explorationsbestreben ist jedoch die Anwesenheit der vertrauten Bezugsperson, die ihm die notwendige Sicherheit und Geborgenheit vermittelt. Mit seinem Bewegungsbedürfnis und dem Drang, alles anzufassen und zu untersuchen, gerät es des öfteren in Konflikt mit seinen Eltern bzw. seiner näheren Umgebung. Es befindet sich im Zwiespalt zwischen seiner zunehmenden Selbständigkeit einerseits und den in vielen Fällen noch begrenzten Fähigkeiten andererseits. Aufgrund dieses inneren Konfliktes neigt es besonders gegen Ende des 2. Lebensjahres zu gehäuften Wutausbrüchen. Die Eltern sollten dem Kind genügend Freiraum zur Selbsttätigkeit lassen und ihm keineswegs alle Schwierigkeiten abnehmen. Andererseits braucht und fordert das Kind auch Grenzen. Manchmal provoziert es die Eltern so lange, bis es – fast erleichtert – die Konsequenzen seines Verhaltens zu spüren bekommt.

❍ *Spracherwerb*

Die Sprachentwicklung beginnt eigentlich bereits beim *Schreien* des Neugeborenen. Das *Lallen* des Säuglings (2.–3. Monat) dient der Einübung von Lauten und Lautverbindungen. Später drücken die sog. *Wunsch- oder Affektwörter* innere Zustände aus (z.B. „mama“ = ich will auf den Arm).

Die eigentliche Sprachentwicklung beginnt in der Regel während der 1. Hälfte des 2. Lebensjahres, wenn das Kind begriffen hat, daß Wörter Bezeichnungen für Dinge sind (Verbindung zwischen Gegenstand und Sprachsymbol).

In der ersten Hälfte des zweiten Lebensjahres wird in der Regel der sog. *Einwortsatz* gebildet (Ball, Auto ...). Im *Zweiwortsatz* werden Sachverhalte durch zwei Wörter bezeichnet (z.B. Mama Arm = ich möchte auf Mamas Arm). Der *Mehrwortsatz* tritt ebenso noch im 2. Lebensjahr auf (z.B. „Papa tommt, Auto brumm“). Die Aneinanderreihung der Worte ist dabei allerdings noch ungeordnet (sog. „Worthaufen“).

❍ *Das Weltbild*

Das Kind macht in der handelnden Auseinandersetzung mit den Dingen seiner Umgebung die Erfahrung, daß die einzelnen Gegenstände, die je nach Standpunkt bei verschiedener Entfernung und Lichteinfall unterschiedlich aussehen, dieselben sein können. So filtern sich allmählich aus der Flut der Eindrücke Dinge mit *konstanten* Eigenschaften heraus (Dingkonstanz). Das bisher bewegte Weltbild des kleinen Kindes fängt an, sich zu verfestigen.

Im Laufe des 2. Lebensjahres entwickelt sich auch das *Erinnerungsgedächtnis.* Das Kind erwirbt die Fähigkeit, frühere Wahrnehmungen zu einem späteren Zeitpunkt und ohne Anschauung des Gegenstandes erneut vor sich zu sehen (Vorstellungen, die entscheidend sind für die Entwicklung von Sprache und Denken).

Objekte der Umgebung interessieren das Kind im 2. Lebensjahr nur insofern, als daß sofortiger *Lustgewinn* bzw. Bedürfni[illegible]friedigung zu erwarten ist.

Entsprechend kann das Interesse für Gegenstände und Tätigkeiten, die als Aufgabenstellung von außen an das Kind herangetragen werden, nur von kurzer Dauer sein. Dagegen läßt sich auch beobachten, daß Kleinkinder selbst gewählte Tätigkeiten, die ihre Neugier und elementare Bedürfnisse ansprechen, unzählige Male mit ganzer Aufmerksamkeit wiederholt werden.

Das Kind ist zunächst noch wenig in das soziale Umfeld eingepaßt. Er erlebt sich als den Mittelpunkt seiner Kinderwelt *(egozentrische Haltung).*

Darüber hinaus läßt sich die Tendenz zur *Vermenschlichung* von Gegenständen beobachten (Anthropomorphismus). Die Dingobjekte der Umgebung werden in gleicher Weise wahrgenommen wie Handlungen von Menschen. Gegenstände erhalten in der kindlichen Wahrnehmung menschliche Eigenschaften. So ist z.B. der Tisch „böse“, nur weil sich das Kind an ihm gestoßen hat. Die Dinge der Umwelt sind freundlich oder unfreundlich, sie haben eine angenehme oder eine unangenehme Physiognomie, sie schauen vertraut oder beängstigend aus (physiognomisches Weltbild).

❍ *Sensomotorische Intelligenz*

Nach Piaget entwickelt sich in den ersten zwei Lebensjahren die sensomotorische Intelligenz. Während beim Säugling Reflexe, einfache Gewohnheiten, aktive Wiederholungen etc. vorherrschen, beginnt das Kind gegen Ende des 1. Lebensjahres aktiv zu *experimentieren* (z.B. in einem Wasserbecken mit verschiedenen Schwimmtieren, Bechern, Kannen oder mit Schachteln, die gefüllt, ausgeleert und wieder gefüllt werden).

Mit 18–20 Monaten bahnt sich eine bemerkenswerte Wende an. Nun braucht das Kind nicht mehr in jedem Fall praktisch zu experimentieren. Es kann *neue Verfahren* erfinden, ohne sie vorher je angewandt zu haben (z.B. mit einem Stock einen Gegenstand heranholen, ohne dies je probiert zu haben).

❍ *Wahrnehmung*

Bei Säuglingen und Kleinkindern spielen vor allem die Nahsinne bei Umwelterfahrungen eine wichtige Rolle (tasten, schmecken, riechen, Tiefenwahrnehmung, Gleichgewicht). Mit zunehmendem Alter wächst die Bedeutung der *Fernsinne* (z.B. die Bedeutung des Sehens und Hörens).

Schon das einjährige Kind kann Gegenstände auf Bildern wiedererkennen. Die Trennung zwischen Abbild und Realität vollzieht sich dagegen erst im 2. Lebensjahr, wenn das Kind den *Symbolcharakter* von Darstellungen begreift (parallel zur sprachlichen Entwicklung, die ja auch auf einem gewissen Symbolverständnis basiert). Neben den visuellen Eindrücken sind bei Kleinkindern auch *taktil-motorische* Erfahrungen wesentlich, wobei die Koordination verschiedener sinnlicher Eindrücke eine Voraussetzung für die Wahrnehmung darstellt (greifen, sehen, hören ...). Früher ging man davon aus, daß die Wahrnehmung kleiner Kinder ausschließlich ganzheitlich, d.h. auf das Wesentliche bezogen, gliederungsarm oder diffus sei. Diese Annahme läßt sich in solcher Ausschließlichkeit nicht aufrecht erhalten. Bereits Kleinkinder können zergliedernd-analytisch wahrnehmen und Einzelheiten – z.B. auf Bildern – erfassen.

Die Wahrnehmung ist jedoch nicht so sehr durch objektive Merkmale, sondern durch ihre *subjektive* Bedeutung zu beschreiben. Die Begriffe des kleinen Kindes beinhalten vor allem Gefühlskomponenten. Sie hängen noch sehr stark von der augenblicklichen Situation und Gestimmtheit des Kindes ab.

❍ *Spielverhalten*

Die Funktionsspiele des Säuglings (mit Händen, Füßen etc.) gehen im 2. Lebensjahr allmählich in *Konstruktionsspiele* über. Daneben sind auch erste Rollenspielansätze zu beobachten.

❍ *Soziale Verhaltensmuster*

Während der gesamten frühen Kindheit bildet die emotionale Zuwendung durch die Mutter (bzw. den Vater oder eine andere Pflegeperson) eine wichtige Basis für die Entwicklung sozialer Kontakte und Verhaltensmuster. Neben der Dimension „Zuwendung" spielt auch das Ausmaß an gewählter „*Selbständigkeit*" und „Unabhängigkeit" eine Grundvoraussetzung für ein soziales, für zwischenmenschliche Kontakte aufgeschlossenes Verhalten.

In den ersten Lebensjahren sind Erwachsene die weitaus wichtigsten sozialen Bezugspersonen. Zwar erfreuen sich auch die Kleinsten schon an Spielgefährten. Dennoch enden viele Spielkontakte mit

Gleichaltrigen im Streit um ein begehrtes Spielobjekt. Enttäuschungserlebnisse werden noch nicht recht verkraftet, die Ausdauer ist relativ gering, Bedürfnisse wechseln rasch. Bis zum Alter von 3 Jahren herrschen das *Allein*spiel, das *Zuschauen* bzw. das *Parallelspielen* vor.

❍ *Trotzreaktionen*
Wut- und Trotzausbrüche als emotionale Reaktionen sind im Kleinkindalter besonders häufig zu beobachten. Obgleich das eigentliche erste Trotzalter etwa um das dritte Lebensjahr angesetzt wird, ist das Kind bereits im 1. und 2. Lebensjahr zu *Trotzreaktionen* fähig, die zum Teil mit körperlichen Reaktionen einhergehen (aufstampfen, sich auf den Boden werfen etc.). Näheres zum Trotzalter siehe 3. Lebensjahr!

❍ *Sauberkeitsgewöhnung*
Die sog. Reinlichkeitserziehung gelingt in der Regel erst im 3. Lebensjahr endgültig. Aus Wunsch- oder Prestigegründen oder aus Bequemlichkeit sollte keine verfrühte Reinlichkeitsdressur stattfinden. Das Kind muß von seiner Entwicklung her in der Lage sein, den Drang zu *lokalisieren*, es muß sich rechtzeitig *melden* können und letztendlich fähig sein, seine *Schließmuskeln* willentlich zu beherrschen.

Die Eltern sollten den Ausscheidungsfunktionen nicht übermäßig viel Bedeutung schenken und sich besser auf andere Entwicklungsbereiche konzentrieren!

3.4.3. Das dritte Lebensjahr

❍ *Motorik*
Das dreijährige Kind wird nun wendiger, sicherer und geschickter in seiner Fortbewegung. Es ist z.B. in der Lage, sein Lauftempo zu variieren, scharfe Kurven zu laufen oder jäh innezuhalten (abstoppen). Ihm fällt auch das Gleichgewichthalten, die Augen-Hand-Kontrolle und das *Planen* von Bewegungsabläufen leichter als dem jüngeren Kind. Häufig unternimmt es auch „gefährliche“ Aktionen – z.B. beim Klettern – die es an seine Grenzen heranführen. Einfache Werkzeuge – wie z.B. Messer, Gabel, Schere, Stifte, Schnürsenkel, Reißverschlüsse, Knöpfe – werden von ihm zum Teil schon recht sicher gehandhabt.

❍ *Selbständigkeit*
In diesem Alter können viele Kinder bereits längere Zeit völlig auf die Gegenwart von Mutter und Vater oder einer anderen Bezugsperson verzichten. Man sollte ihnen deshalb *kindzentrierte* Selbständigkeit und Entscheidungsfreiheit ermöglichen. Diese Entscheidungsfreiheit hat positiven Einfluß auf die spätere Leistungsmotivation, auf die Entwicklung der Erkenntnisfunktionen und die kindliche Gesamtpersönlichkeit.

❍ *Sprache*
Zu Beginn des 3. Lebensjahres treten schon *Mehrwortsätze* auf, allerdings noch nicht im grammatikalisch richtigen Sinn. Nach Smith umfaßt der Wortschatz am Ende des 3. Lebensjahres bereits rund 900 Wörter. Im Verlauf des 3. Lebensjahres haben Kinder in der Regel bereits die grundlegenden grammatikalischen Strukturen der Sprache der Erwachsenen gelernt.

❍ *Das Weltbild*
Im vorherigen Abschnitt wurde unter „Weltbild" bereits von der egozentrischen Haltung des Kleinkindes und von der Tendenz zur Vermenschlichung von Gegenständen gesprochen. Darüber hinaus sollte auch das sog. *„magische Denken"* erwähnt werden, das an mystische und phantastische Vorstellungen gebunden ist (Glaube an Hexen, Feen, Zwerge, Nikolaus usw.). Hier muß man allerdings hinterfragen, ob man nicht durch wirklichkeitsbezogene Erklärungen Interesse für die Ergründung echter kausaler Beziehungen wecken kann.

❍ *Das symbolisch-vorbegriffliche Denken*
Während sich die sensomotorische Intelligenz des Säuglings und Kleinkindes in der konkreten Wirklichkeit betätigt, handelt es sich auf der nachfolgenden Entwicklungsstufe bereits um eine Trennung von aktueller Tätigkeit und vorgestellter Tätigkeit. Das Kind unterscheidet erstmals zwischen *Symbol* und *realem* Objekt. (Ein Wort ist ein Symbol für Gegenstände, ein Baustein wird zum Symbol für Essen, ein Stuhl, der geschoben wird, symbolisiert ein fahrendes Auto). Solche Symbole bezeichnet Piaget als Vorbegriffe.

Das symbolisch-vorbegriffliche Denken ist auch durch eine Vorform von einfachen *Schlußfolgerungen* charakterisiert, z.B. „Die Sonne scheint, weil ich meinen Teller leer gegessen habe" oder: „Ich werde groß, weil ich immer Gemüse esse" usw.

❍ *Wahrnehmung*
Ein wichtiger Abschnitt in der Entwicklung der Wahrnehmung ist die Unterscheidung zwischen *Ich* und *Außenwelt* (Nicht-Ich). Mit ca. 2 Jahren kann sich das Kind z.B. selbst im Spiegel erkennen (Das bin ich!"). Es sieht sich als eigenständiges Wesen, unabhängig von der Mutter. Am Anfang des 3. Lebensjahres ist das Kind in der Lage, das Spiegelbild auch mit dem eigenen Namen zu benennen.

❍ *Spielverhalten*
Neben den Funktions- und Konstruktionsspielen besitzen vor allem die *Rollenspiele* eine zentrale Bedeutung im Vorschulalter.

Das Kind setzt sich auf diese Weise mit verschiedenen Personen, ihren Tätigkeiten und Beziehungen auseinander und erlernt auf diese Weise unterschiedliche soziale Verhaltensmuster. In der Quasi-Realität des Rollenspiels (Heckhausen) wird die Realität handelnd nachgestaltet und interpretiert.

❍ *Soziale Verhaltensmuster*
Mit Beginn des 3. Lebensjahres lassen sich schon die unterschiedlichsten Formen des Sozialverhaltens beobachten, z.B. trösten, helfen, teilen, zusammenspielen ... Es finden sich die ersten Kinderfreundschaften in Kindergruppen („die Nina ist meine Freundin, mit der spiel' ich wieder ..."). Das *kooperative* Spiel steigt nach Vollendung des 3. Lebensjahres sprunghaft an (organisierte, zielgerichtete, von einzelnen Kindern gelenkte Tätigkeit).

❍ *Das erste Trotzalter*
Das sehr kleine Kind erlebt sich selbst noch als *Einheit* mit der Mutter. So kann sich z.B. ein ein- bis zweijähriges Kind der Mutter gegenüber noch so verhalten, als ob sie und es nur ein Körper wären (es führt z.B. beim Essen den Löffel zum Mund der Mutter und dann wieder zum eigenen Mund). Die Grenze des kindlichen Ichs ist noch nicht klar entschieden!

Der Vorgang der *Ich-Abhebung* beginnt im 2. oder 3. Lebensjahr. Das Kind entdeckt, daß es sich dem Willen seiner Umgebung widersetzen kann: Es will sich z.B. plötzlich nicht mehr waschen lassen oder will abends nicht mehr ohne Widerspruch ins Bett gehen. Das Kind reagiert mit heftigen Gefühlsausbrüchen, die meist aggressiven Charakter annehmen. Diese Phase erfordert oft viel erzieherisches Geschick:

❍ das Kind sollte in gewissen Grenzen seinen eigenen Willen entfalten – der Trotz darf nicht mit Gewalt gebrochen werden. In einem akuten Anfall sollten die Eltern das Kind ruhig toben lassen
❍ das Kind braucht Raum für eigene Entscheidungen (z.B. „Möchtest du die Milch heute lieber heiß oder kalt?")
❍ diese Trotzphase gibt Anlaß, den gesamten Erziehungsstil noch einmal zu überdenken. Trotzausbrüche treten vermehrt bei autoritärem Verhalten auf
❍ wird der Trotz ständig gebrochen, kann – je nach Temperament – starke Aggressivität oder Duckmäusertum die Folge sein
❍ Eltern sollten den Trotz nicht zu persönlich nehmen. Das Kind liebt seine Eltern nach wie vor. Es handelt sich bei diesem Verhalten nur um eine starke Ambivalenz der kindlichen Gefühle.
❍ Diese Phase geht, das können sich Eltern klar machen, irgendwann vorbei. Es wächst nicht gleich ein kleiner Tyrann heran, wenn das Kind seinen Willen bekommt.
❍ Die Tatsache, daß das Kind jetzt „ich" sagt und von sich nicht mehr in der dritten Person spricht, macht deutlich, welch wichtige Bedeutung diesem Entwicklungsstadium auf dem Weg zur Autonomie zukommt!

❍ *Sauberkeitsgewöhnung*
Irgendwann werden alle gesunden Kinder sauber, keine Frage. Der anale Ablösungsprozeß steckt jedoch, wird er zwanghaft und mit Strenge betrieben, voller Gefahren. Reinlichkeitsfanatismus, Scham- und Ekelgefühle gegenüber dem Kind, stundenlange „Topfsitzungen" mit Leistungsdruck und Tadel können das Kind stark belasten. Die Exkremente, für die das Kind in diesem Alter großes Interesse zeigt und die es als *Teil seiner selbst* betrachtet, werden der Mutter (den Eltern) als Geschenk gemacht. Dieses Geschenk ist entsprechend zu würdigen.

Literatur

zum Thema „Entwicklung":

Ayres, Jean, Bausteine der kindlichen Entwicklung
Heidelberg 1984

Brazelton, T. Berry, Babys erstes Lebensjahr.
Unterschiede in der geistigen und körperlichen Entwicklung
München 1989

Flehmig, Inge, Normale Entwicklung des Säuglings und ihre Abweichungen. Früherkennung und Frühbehandlung
Stuttgart 1990

Hellbrügge, Theodor, Die ersten 365 Tage im Leben eines Kindes
München 1976

Keller, Heidi, Handbuch der Kleinkindforschung
Heidelberg 1989

Nickel, Horst, Entwicklungspsychologie des Kindes- und Jugendalters.
Band 1
Stuttgart 1975

Winnicott, D. W., Das Baby und seine Mutter
München 1990

Zimmer, Katharina, Schritte ins Leben.
Die seelische und körperliche Entwicklung von Kleinkindern
München 1991

Nachwort

Eltern-Kind-Gruppen bewegen sich zwischen Elternbildung und Kleinkindpädagogik. Solche Gruppen sollten mehr sein als nur ein augenblicklicher Trend, eine Modeerscheinung, der man folgt, weil viele es so machen oder weil man ganz schnell ein ganz schlaues Kind haben möchte.

Vom ersten Lebenstag an werden Kinder heute mit Sinnesreizen überflutet, lange bevor sie in der Lage sind, Reize abzuwehren, für die sie neurologisch noch nicht reif sind und die sie als Folge dessen auch noch nicht einordnen und verarbeiten können. Statt sich die Welt neugierig-aufgeschlossen selbst zu erobern, beginnt ihr Leben wie eine verwirrende Zirkuswelt, voller Kunststückchen, Attraktionen, Farben, Formen, Geräusche, die man ihnen präsentiert, um sie so früh wie möglich zu fordern und zu fördern.

Eltern-Kind-Gruppen dürfen dieser Gefahr nicht erliegen. Dort sollte das Spielangebot behutsam und altersgemäß an die Kinder herangetragen werden.

Spiel ist Selbstzweck, und deshalb wird gespielt um des Spielens willen, aus Freude an der Tätigkeit und aus Spaß an anderen Kindern und Erwachsenen. Spiel darf nicht zweckhaft werden, von Lernzielen überlagert, in pädagogische Leitfäden gezwängt.

Forderndes Eingreifen in kindliches Spiel kann Spiel-Zerstörung bedeuten, weil die ursprüngliche Spielfreiheit, das unmittelbare Sich-Einlassen und Schöpferisch-Sein, das Vergessen von Zeit und Raum, die unmittelbare Verbindung mit dem Spiel-Objekt, verloren gehen.

Eltern-Kind-Gruppen bieten die Chance – besonders für die Erwachsenen –, wieder spielen zu lernen. Sie haben die Möglichkeit, die schöpferischen Kräfte des Spiels für sich und ihr Kind zu entdecken, denn Spiel und Mensch-Sein gehören zusammen.